内向型を強みにする

著 マーティ・O・レイニー
訳 務台夏子

The Introvert Advantage
Marti Olsen Laney

わたしを外へと引きずり出し、世界を広げてくれた、
三十八年来の夫マイケルに。わたしが深く愛する、そして、
さまざまな意味で人生を豊かにしてくれた、娘たちとその家族に。
そしてまた、わたしを自らの人生に踏みこませてくれた、
勇気あるクライアントのみなさんにも、本書を捧げます。

目次

はじめに

幸福にもっとも重要なのは、喜んでありのままの自分でいられることである

――エラスムス

成長の過程で、わたしはよく自分自身にとまどいを覚えた。わたしは、不可解な矛盾でいっぱいの子供だった。へんてこなやつ。小学一、二年生のときはあまりの出来の悪さに先生たちが留年させたがったほど。なのに、三年生のときは成績優秀だった。ときには、とても活発でおしゃべりで、あれこれと気の利いた意見を述べる。それどころか、自分の知っていることとなると、相手がうんざりするほどしゃべりまくる。

そのくせ、何か言いたいと思っても、頭のなかが空っぽになることもあるのだ。あるいは授業中、発言しようとして――これで、成績の二五パーセントを決定づける「授業への参加」の項がよくなるかも、とわくわくしながら――手を挙げたのに、いざ指名されると、言うべき意見がどこへともなく消えてしまうことも。心のスクリーンが暗くなり、わたしは机の下にもぐりこみたくなったものだ。

大きくなるにつれて、わたしは自分を目立たない人間だと考えるようになった。深く静かに流れ、人の目に映らない存在。多くの場合、わたしが何か言ってもだれも反応しない。ところが、あとになって別の人がまったく同じことを言うと、その人は気づいてもらえるのだ。わたしは自分の話しかたに何か問題があるのだと考えた。その一方で、わたしが自分の書いたものを読みあげたりすると、みんな驚きの目を向けてくる——あんたがこれを書いたの？

社会化もまた、混乱を招く体験だった。わたしは人と交わるのが好きだったし、まわりからも好かれているようだった。なのに、出かけるのが怖くなることがよくあった。パーティーや公の催しとなると、顔を出そうか出すまいかさんざん迷った。自分は小心者で引っこみ思案なのだとわたしは考えた。ところが、あるときは気づまりで居心地が悪いのに、なんともないときもある。また、最高に楽しく過ごしている最中に、出口に目をやって、パジャマでベッドにもぐりこむ自分を想像することもあった。

苦痛と不満のもうひとつの原因は、自分の体力のなさだった。わたしはすぐにばててしまった。友達やほかの家族のようなスタミナが、わたしにはないようだった。疲れてくると歩くのも食べるのも話すのも遅くなり、会話をするときは、苦労しながら何度も間《ま》をとらねばならなかった。そのくせ、休息がとれていると、ひどく早口になり、考えがあちこちへ飛ぶので、相手をしている人はくたくたになったことと思う。事実、わたしをエネルギッシュな人間だと思っている人もいた。でも信じてほしい、わたしは決してエネルギッシュではなかった（いまもそうではない）。

でも、こんなスローペースなわたしでも、ぼちぼち歩きつづけて、最終的にはやりたかったことの大部分を成し遂げることができた。自分のかかえる不可解な矛盾はすべて説明がつくのだとわかるまでには、何年もかかった。わたしはごく正常な内向型人間だったのだ。そうとわかったときは、どんなにほっとしたことか！

世界の七五パーセントは外向型でできている

わたしたちの文化においては、外向的な特質が尊ばれ、報いられる。アメリカは自らの考えを声にする市民を重視し、粗削りな個人主義のもとに成り立った。わたしたちは行動、スピード、競争、活力を重んじている。

内向的であることに、人々が引け目を感じるのも無理はない。わたしたちは、内省とか孤独といったものに否定的な文化のなかで生きているのだ。「その場に出ていくこと」「とにかく行動することと」が理想なのである。その著書『幸福の追求』のなかで、社会心理学者デイヴィッド・マイヤース博士は、幸福にはつぎの三つの特性を持つことが重要だと述べている。すなわち、自負心、楽天主義、外向性だ。マイヤース博士は、外向的な人のほうがより幸福であることを証明する調査に基づき、この結論を導き出している。

これらの調査において、参加者は「わたしは人といっしょにいるのが好きだ」とか「わたしはいっしょにいて楽しい人間である」といった項にあてはまるかどうかを問われる。内向型の人は、幸福をこのようなかたちでは表さないため、不幸せと見なされてしまう。彼らにとっては、「わたしは自分自身をよく知っている」「自分であることが心地よい」「自分の道を自由に進むことができる」といったことが、満足の基準となるのである。ところが、彼らはこうした項について問われはしない。これらの調査は、外向的な人がつくったものにちがいない。

外向性が健全な成長の結果として当然生まれるものと見なされている以上、内向性は〝その逆の心配な特質〟とならざるをえない。内向的な人とは、なんらかの理由で、適切な社会化を遂げることのできなかった人なのだ。彼らは孤独と不幸せを運命づけられているのである。

心理コンサルタントで『性格学入門』（飛鳥新社）の著者であるオットー・クルーガーとジャネット・トゥーゼンは、内向型の人の苦境についてこう述べている。「内向型の人は、外向型の人三名に対し約一名、と数において劣っている。結果として、彼らは特別な世渡り術を編み出す必要に迫られる。というのも彼らには、自らを変え、世間の人々と同じに振る舞うよう相当な圧力がかかってくるからだ。内向型の人は、毎日、ほぼ目覚めた瞬間から、外界に反応し、順応するよう強制されているのだ」

世間というこの競技場は少しならしてやる必要があると思う。そこでは、外向型人間にばかりいい評価が与えられている。そろそろ内向的な人も、自分たちがどんなにユニークで貴重な存在かを悟るべきだ。われわれは、内向性をよしと認める文化的転換期に来ている。もう、適応しよう、自分を変えよう、などと努力しなくてもよい。わたしたちは、ありのままの自分の価値を認める必要がある。本書の目的はその手助けをすることだ。このなかであなたは、基本的な三つの事柄を学べるだろう。すなわち、①自分が内向型なのかどうか（あなたは驚くかもしれない）、②内向的であることの長所や利点、③自分の貴重な天性を伸ばすためのさまざまな方法、である。

わたしはどこもおかしくない。ただ内向的なだけ

三十代のとき、わたしは児童図書館の司書から心理療法士へと転身した（お気づきかもしれないが、いずれも社交の腕を要する、内向的な職種だ）。司書の仕事はいろいろな意味で楽しかったが、わたしはもっと個人的レベルで人と接する仕事がしたかった。人々の成長や発展をうながし、よりよい生活を送れるよう他者を手助けするというのは、すばらしい人生の目的に思えた。

大学院で、わたしは内向性は独特の気質あるいは態度であることを学んだ。その際に、コース学習の一環として数種類の性格テストを受け、そのいくつかで内向的と判定された。これは驚きだった。この結果を論じ合うにあたって、教授らは、内向性と外向性はひとつのエネルギー連続体の両極なのだとわたしに説明した。その連続体のどこにいるかで、その人がどのように生活エネルギーを得ているかが予測できるという。

連続体の内向寄りにいる人々は、エネルギーを得るために内部へ焦点を合わせる。逆に、外向寄りにいる人々は、エネルギーを得るために外部へ焦点を合わせるのだ。焦点におけるこの根本的なちがいは、人間のほぼすべての行動に見られる。教授らは、それぞれの気質のいい面を強調し、どちらでもかまわない、ただちがうだけなのだ、と明言した。

エネルギーの求めかたが異なるという考えには、なるほどと思う点があった。自分にはなぜ、充電するのにひとりの時間が必要なのかも、ようやくわかりはじめた。わたしはときどき、自分

の子供たちから離れたくなる。そのことへのうしろめたさも、いくらか緩和された。自分はどこもおかしくない——ついにわたしはそう気づいたのだ。自分はただ内向的なだけなのだ、と。

内向型人間の強みと弱みについて学ぶにつれて、恥ずかしさは消えていった。外向型と内向型の比率——三対一——を知ると、自分が外向型人間のために構築された世界に生きていることもわかった。陸に打ちあげられた魚のような気分になるのも無理はない。わたしは、外向型人間の海のなかで生きているのだ！

また、研修中のカウンセリング・センターで水曜の夜ごとに開かれる、大人数の職員会議を自分が大嫌いなわけも、理解できるようになった。自分がなぜ研修会ではほとんど発言しないのか、室内に五、六人以上の人がいるとなぜ思考がしばしば停止するのかもわかった。

外向型人間向けにつくられているこの世界で内向型人間として生きることは、その人の生活のあらゆる面に影響を与えている。精神分析学者のカール・ユングは、内向性と外向性に関する数々の仮説を立て、人間は互いに欠けているものを補い、より強くなるために、逆の相手に惹かれるものと考えた。両者が結びついたとき、各自は相手によって変身することができる。またユングはこれを、互いの相補性を認めるために人間にもともと備わっている性向と見た。この考えかたは、万人にあてはまるものではないが、三十八年にわたるわたしの結婚生活では、たしかに真実だった。

最初、夫のマイクはわたしの内向性を理解できなかったし、わたしも彼の外向性を理解できなかった。結婚後まもなく、ふたりでラスベガスへ行ったときのことは、いまも忘れられない。わたしは脳が麻痺した状態で、よろよろとカジノを進んでいった。いたるところでさまざまな色がおどり、目のなかでは光がはじけていた。頭は、勝者のコインが金属の受け皿にジャラジャラとなだれ落ちる音でガンガンしていた。わたしは何度も何度もマイクにたずねた。「エレベーターまであとどれくらい?」(ラスベガスの建物は、紫煙の霞に包まれて、輝くマシンの迷路を通り抜けないと、エレベーターにも、自分の部屋という静かなオアシスにもたどり着けないようになっているのだ)

外向型人間である夫は、乗りに乗っていた。その頬は紅潮し、目はきらきら輝いていた。騒音と活気は、彼を高揚させた。なぜわたしが部屋に向かおうとしているのか、彼には理解できなかった。わたしはすっかり青ざめていた。まるで、かつて魚市場で見た、砕かれた氷の上のマスの気分だった。だが少なくともあのマスは、横たわることを許されていた。

あとになって昼寝から目覚めてみると、わたしはマイクの勝ち取った一ドル銀貨二百個に取り巻かれていた。外向型の人には、たしかに多くの魅力がある。わたしたち内向型は彼らの力を借りてバランスを保つことができる。彼らはわたしたちが外へ出かけ、人と交わるのを助けてくれるのだ。一方こちらは、彼らがペースを落とす手助けができるのである。

自分のことを誤解している内向型が多すぎる!

ある日の午後、わたしは、内向型のクライアント、ジュリアと、間近に迫ったある研修会をうまく乗り切る手段について、ブレーンストーミングしていた。「怖くてたまらないの」ジュリアは言った。わたしたちは、彼女がその場を切り抜けるのが少しでも楽になるよう、いくつかの作戦を立てた。帰り際、彼女は頭をかがめて、わたしの目をじっとのぞきこんだ。「でもわたし、人とおしゃべりするのはやっぱり嫌いだわ」まるで社交界の花になることを求められたかのように、彼女はそう言った。「ええ、わかる」わたしは答えた。「わたしもやっぱりそうだもの」わたしたちはそろってため息をついた。

オフィスのドアを閉めながら、わたしは自分自身の内向性との闘いについて考えていた。心の目には、長年にわたり面接してきた大勢の内向型クライアントの顔が浮かんでいた。内向型／外向型連続体のどこにいるかで、その人の生活は全領域にわたって大きく左右されてしまう。わたしは、クライアントたちが、好きになれない自らの性格のことで自分を責めるのを聞いてきた。そして思ったものだ。ああ、自分はどこもおかしくないと、この人たちが気づいてくれたら。この人たちはただ内向的なだけなのだから。

初めて、あるクライアントにこう言ってみたときのことは、忘れられない。「あなたは内向的なんだと思いますよ」彼女は驚きに目を見張った。「まあ、どうして？」彼女はたずねた。そこでわたしは、内向性は人間が持って生まれたさまざまな特性の集合体なのだと説明した。それは、人嫌いということではないし、シャイということですらない。彼女はほっとしたようだった。「つまり、わたしがこんなふうなのにはちゃんと理由があるということですね？」どれほど多くの人が内向型であり、なおかつ、そのことを知らずにいるかは、ほんとうに驚くばかりだ！

内向性に関する自分の考えを他のセラピストたちと論じ合ううちに、彼らの多くが内向性についての大もとの理論を理解していないのに気づいて、わたしは驚いた。彼らは、内向性を気質ではなく、病理に結びつけて考えていた。精神分析学の学位論文を提出したとき、わたしはその反響の大きさに涙し、多くの同僚から寄せられた感想に胸をおどらせた。「いまではすべての患者を、内向型／外向型連続体によって見ています」ある人は言った。「そうすることは、内向寄りの人を病理と結びつけずに理解するのに、非常に役立ちますね。自分がこれまで外向型の判断基準で彼らを見ていたのがわかりましたよ」

内向的であることへの羞恥心が消えたとき、そのことがいかに大きな効果をもたらすかを、わたしは知っている。本来とちがう自分になろうとするのをやめれば、心はずっと軽くなる。このことに気づいたとき、わたしは、内向性に対する人々の理解をうながすために、本を書かねばならないと悟ったのだ。

楽しみながら内向性の秘密を探っていこう

内向的な人は、自分はどこかおかしいと感じることが多く、そのため何をするにも〝正しいやりかた〟を見つけだそうとする。しかし、外向型の世界にいるとはいえ、そこでの正しいやりかたが内向型に合っているとはかぎらない。というわけで、本書は自由に読んでほしい。端から端まで読むもよし、好きなところを拾い読みするもよし。刺激過剰になりたくないなら、新しい情報は細かく砕いて取りこもう。ちなみに、刺激過剰とは、肉体的、精神的に、もう手一杯だと感じること、これ以上の刺激には耐えられないという状態におちいることである。

この本は、小さな塊《かたまり》に分けて書かれている。だから一章ずつ読むこともできるし、偶然開いたページに目を通すようにしてもいい。わたし自身は、本は結末から読むのが好きだ（この習慣はときとして、わたしの友人たちにショックを与える）。本書は、あなたにとっていちばんいいかたちで利用してほしい。とにかく、この本があなたのよき相棒となるために生まれてきたことをお忘れなく。

もしどこかに自分に関係ありそうな情報があったなら、それはすばらしいことだ。逆にしっくりこない部分があっても、別に気にすることはない。これは、あなたが自分自身や知り合いの内向型人間を理解するための道具なのだ。遊びは、新しい何かが起こる余地をもたらす。本書は、人生と同様、遊ぶためのものだ。

自分自身の内向性が（あるいは、身近なだれかの内向性が）理解できれば、どんなにほっとするかしれない。なんだ、それだけのことだったのか！　あなたは変人でも無能でもないし、ひとりぼっちでもない。この海には、他にもたくさん内向的な魚たちがいるのだ。

本書は、あなたが自分への充電法を学ぶ一助となるだろう。あなたは計画を立てて、日々の暮らしに取り組むことができる――外向型の人とはちがうかもしれないが、内向型に合ったやりかたで、だ。内向型ならではの強みを讃えよう。

第Ⅰ部

陸に打ちあげられた魚

内向型人間とは？

第1章　内向型と外向型はどこがちがう？

自分にしかないものに感謝しよう

——キャプテン・カンガルー

内向性は根本的に気質のタイプのひとつだ。シャイであるとか、殻《から》にこもっているということと同じではないし、異常でもない。また、自分で変えられるものでもないが、この気質と衝突せずにうまくやっていくことはできる。

内向型の人のもっとも顕著な特徴は、そのエネルギー源である。内向型の人は、アイデア、感情、印象といった自身のなかの世界からエネルギーを得ている。彼らは、エネルギーの保有者だ。外の世界からの刺激に弱く、すぐに「もう手一杯」という気持ちになる。これは、イライラ、あるいは、麻痺に似た感覚かもしれない。

いずれにせよ、彼らは自分が消耗しないために、世間とのつきあいを制限しなくてはならない。その一方、外での時間を設けて、ひとりの時間とのバランスをとる必要もある。さもないと、ものの見方はかたより、人とのつながりは失われてしまうだろう。エネルギー量をバランスよく維持している内向型人間には、忍耐力、自由な発想、深い集中力、創造性がある。

では、外向型の人のもっとも目立った特徴はなんだろう？　それは、外の世界、つまり、さまざまな活動や人や場所や物からエネルギーを得ている点だ。彼らはエネルギーの消費者なのである。長時間、のらくらしたり、自己反省したり、ひとりで、もしくは、ひとりの人を相手に過ごしたりすると、彼らは刺激不足におちいる。しかし外向型の人も、間に静的時間を設けて、動的時間とのバランスをとる必要はある。さもないと彼らは、めまぐるしい活動のなかで、混乱をきたすだろう。外向型の人は、社会に多くのものを提供する。気楽に自己を表現し、結果のみに集中し、人混みや活動を楽しむのだ。

内向型の人は、充電式のバッテリーに似ている。彼らには、いったんエネルギーを使うのをやめて、充電のために休息をとる必要がある。この休息をもたらすのが、刺激の少ない環境だ。それは、エネルギーを回復させてくれる。そういった環境こそ、彼らの居場所なのである。

一方、外向型の人は、ソーラーパネルに似ている。彼らにとって、ひとりでいること、あるいは、なかにいることは、厚い雲の下で生きているようなものだ。太陽電池板は、充電のために太陽を必要とする。

つまり外向型人間には、外に出て、人と交わる必要があるのだ。内向性と同じく、外向性もまた、生来の気質である。これを変えることはできない。ただ、この気質とも衝突せずにうまくやっていくことはできる。

エネルギーを外から得るか、内から得るか

エネルギーの取りこみかたは、内向型と外向型のもっとも目立ったちがいだが、大きなちがいはあとふたつある。刺激に対する反応と、情報や経験に対するアプローチだ。外向型の人が、さまざまな刺激のなかで活気づくのに対し、内向型の人は多すぎる刺激をもてあます。同様に、外向型がふつう、情報や経験を得るのに大きな網を打つのに対し、内向型はより焦点をしぼって、深くきわめるのを好む。

内向型と外向型の主なちがいは、そのバッテリーの充電方法にある。外向型は外の世界からエネルギーを得る。彼らのほとんどは、人と話したり、外のさまざまな活動に参加したり、人や活動や物に囲まれて働くことを好む。外向型に対する一般的な認識に反し、彼らが内向型より社交的、もしくは、活発であるとはかぎらないが、その目は自分の外へ向けられている。

外向型の人はエネルギーを惜しげもなく使い、むしろペースを落とすのに苦労する。彼らは外での活動によって、たやすくリフレッシュすることができる。選択肢がいっぱいの今日《こんにち》なら、なおさらだろう。外向型の人は、人や外界と接触していないときに、孤独や疲労を感じる。パーティーのあと、早くつぎへ行きたがり、「このあとどうする?」と切り出すのは、外向型の人だろう。多くの場合、彼らにとってむずかしいのは、リラックスして体を休めることなのである。

これに対して、内向型の人は、なかの世界から、つまり、アイデアや感情やイメージからエネ

ルギーを得る。内向型に対するわたしたちの固定観念に反し、彼らは必ずしも無口であったり、殻にこもっていたりするわけではない。ただし、その興味は自らの頭のなかへ向けられている。内向型には、物事をじっくり考え、自分を充電するための静かな場所が必要だ。ふうっ！　久々にビルに会えてすごく楽しかったけど、パーティーが終わってくれてよかった！　彼らはほっとしてそう思う。

内向型の人にとってエネルギーを取りこむのは、たやすいことではない。今日のようなテンポの速い世界においては、なおさらだろう。内向型の人は、エネルギーを回復するのに時間がかかるうえ、そのエネルギーは外向型の人のそれよりも速く流出してしまう。内向型の人は、各活動にどれくらいエネルギーを取られるか、どれくらい蓄えが必要かを計算し、それに従って計画を立てねばならない。

たとえば、わたしのクライアントのサンドラ（自宅を拠点にしているセールスウーマン）は、ロサンジェルス市内を車で回る、あわただしい訪問販売の日の前日には、外からほとんど邪魔されずに事務的な仕事をする静かな一日をキープしている。そうして、早めに就寝し、おいしい朝食をとったあと、おもむろに出かけるのだ。一日のスケジュールには、ひとりになって元気を回復するための休憩時間がいたるところに組みこまれている。必要なエネルギーが保たれるよう計画を立てるので、彼女は枯渇してしまうことがない。

刺激は好き？　嫌い？

内向型と外向型の第二のちがいは、外部の刺激をどう感じるかにある。外向型の人は、多くを経験したがるが、内向型の人は経験したことについて多くを知りたがる。

精神活動のさかんな内向型の人の場合、外からの刺激はなんであれ、感受性のメーターをたちまち上げてしまう。それは、くすぐられるのにちょっと似ている。その感覚は、気持ちよく楽しいという段階から、過剰で不快だというところまで一気に進んでしまうのだ。

内向型の人は、多くの場合、自分でもその理由に気づかずに、過剰な刺激を受けないよう外からのインプットを制限している。たとえば、わたしのクライアントのキャサリンが、自宅の裏に庭園をつくりたくなったときのこと。彼女は教師で、その精力のほとんどすべてを仕事に注がねばならない。ガーデニング初心者の彼女は、腰を下ろして『ウィークエンド・ガーデニングの基礎』を読みはじめた。読み進むにつれて、徐々に先が見えてきた。まず、緑陰樹、土壌の酸性度、根覆い、水やり、害虫駆除、日の当てかたについて、学ぶ必要がある。苗畑へ行って、ぎらぎら照りつける太陽のもとで苗を選ぶややこしさや、それに求められるエネルギーも予想できた。検討すべき事項は山ほどあるのだ。

さらに彼女は、土の準備、植樹、草取り、害虫駆除、ナメクジ駆除、日々の水やりにかかる手間のことを思った。楽しさは消えていった。知っておくべきこと、やるべきことがあまりにも多いので、とてもやりきれないという気がしてきた。頭がぐるぐる回っている。彼女は息苦しさを覚えた。そして結局、庭園にするのは敷地の小さな一画に留めることにしたのだった。

内向型の人も、ひとつかふたつの分野に焦点をしぼれるなら、ややこしさを楽しむことができる。しかしプロジェクトの数が多すぎると、すぐに圧倒されてしまう。このように刺激を過剰に感じたとき、どう切り抜ければよいのかは、あとの章で述べる。

内向型の人は、ただ人のそばにいるだけで刺激過剰となることもある。彼らのエネルギーは人混み、教室、あるいは、騒がしい侵略的な環境にいると、枯渇してしまう。なかには人間が大好きな人もいるが、彼らは通常、相手がだれであっても、話をしたあとはその場を離れ、ひと息入れる必要を感じる。内向型の人に思考停止が起こるのは、このためなのである。刺激が過剰になると、内向型人間の精神は閉鎖される。「インプットはご遠慮ください」と明かりを落としてしまうのだ。

外向型の人にもやはり休憩は必要だが、それは別の理由からだ。

たとえば図書館へ行った場合、外向型の人は短時間しか勉強（内的プロセス）モードでいられず、すぐに書架のまわりを散歩したり、自動販売機へ向かったり、司書とおしゃべりしたりしはじめる。彼らが好きなのは、何かが起こっている活気ある環境なのだ。外向型の人は、内部の刺激不足を感じれば感じるほど、燃料補給をしたくなる。しかし休憩には、外向型の人の刺激を増すのと同様に、内向型の人の刺激を減らす効果もある。たとえば勉強中の内向型人間は、庭園づくりを計画したときのキャサリンのように、あまりにも多くの情報を取りこみすぎて、圧倒されてしまうかもしれないのだ。

〝広く浅く〟派VS〝狭く深く〟派

外向型と内向型の第三のちがいは、広さと深さという問題にかかわってくる。概して、外向型の人は、広さを好む。大勢の友達、たくさんの経験、すべてについて少しずつ知ること、ゼネラリストになることを求めるのだ。通常、彼らが外界から取りこんだものは、その経験が処理されていくときも、内部でふくらむことはない。彼らはすでにつぎの経験をめざしている。以前、外向型の友人がこう言っていた。「パーティーであちこち飛び回って、それぞれの会話のいいところだけ聞くのが好きなの」彼女はどんなことも逃したがらない。

外向型の人にとって、生きるとは経験を収集することなのだ。彼らは、この世の中を、品数が豊富な日曜のランチと見なしている。ご馳走を少しずつ味見して、全種類の料理でお腹を満たし、はちきれそうになると去っていく。彼らは、人生から得られる刺激を一滴残らずしぼり取ろうとする。多様さは刺激とエネルギーを与えてくれるものなのだ。

内向型の人は、深さを好み、自らの経験を制限しようとするが、そのひとつひとつを深く感じている。彼らの多くは友達が少ないが、より親密なつきあいかたをする。また、テーマを深く探求することを好み、〝量〟より〝濃さ〟を求める。テーマをひとつかふたつにしぼらねばならないのは、このためだ。そうしないと彼らは、圧倒されてしまうだろう。

彼らの精神は、外界から情報を吸収し、それについてじっくり考え、さらにそれをふくらませる。そして、情報を取りこんでずいぶん経ってからも、まだそれを噛み砕き、むしゃむしゃやっている——これは反芻《はんすう》する牛にちょっと似ている。またあとで論じるが、内向型が邪魔されると腹を立てるのもこのためである。集中という深い井戸から自らを引き上げ、這《は》い出てくるのは、彼らにはむずかしいことなのだ。そして、もう一度あらためて集中するためには、しばしば彼らにはない、余分なエネルギーが大量に必要なのである。

休日の過ごしかたも正反対

内向型と外向型のこうしたちがいのいい例が、わたしと夫のマイクとの休暇の模様だ。前にも触れたように、マイクは外向型、わたしは内向型である。休暇の楽しみかたに関して、わたしたちの意見は一致しない。

休暇に関する好みがまったく逆なので、わたしたちはかわりばんこに行き先を決めている。ある年はわたしが決め、翌年は彼が決めるという具合だ。マイクが〝九日間で九つの国を回る〟休暇を選んだ翌年、わたしは、コロラド州レッドヴィルの歴史的鉱業地帯の探検以外何もしない休暇を選んだ。一日目の午後、わたしたちはホテルの暖炉のそばにすわって、商工会議所のちらし「レッドヴィルの見どころ」を読んだ。わたしはわくわくしていた。マイクは眠りこんでしまった。

映画《不沈のモリー・ブラウン》を見て以来、わたしはホレス・テイバーが銀を発見した場所を見てみたいと思っていた。レッドヴィルには、テイバー・オペラハウス、文化遺産博物館、国立鉱業栄誉殿堂、大鉱山博物館がある。それにもちろん、レッドヴィル鉄道や、本物の鉱坑をめぐるツアーもだ。これ以上、何が望めるだろう？　するとマイクが言った。

「レッドヴィルは、明日の午後二時には見終わってしまうだろうね。そのあとどうする？」

こちらは、一日に一カ所ずつ回る予定でいたのに。一世紀前の鉱山労働者たちがどんな暮らしをしていたのか、わたしはその感触を味わいたかった。マイクは言った。「ほら、ここからならアスペンまでほんの五十九マイル（約九十五キロ）だよ。明日の午後、車で行けるぞ」

「ちょっと待って」わたしは言った。「今回、休暇の過ごしかたを決めるのはだれの番？」

レッドヴィルはほんとうにすばらしかった。コロラドでのその四日間のことで、その後何年もマイクにからかわれたが、わたしは喜んで耐えた。彼にはその四日が四年に思えたのだそうだ。

「よかったじゃないの」わたしは言ってやる。「時間を長く感じられる人ってそんなにいないのよ。特に休暇中はね」

内向型と外向型はつながっている

一九〇〇年代の初め、精神分析学者カール・ユングは、精神分析学におけるふたりの先駆的理論家、ジークムント・フロイトとアルフレッド・アドラーとともに働いていて、不思議なことに気づいた。ひとりの患者の病歴について論じるとき、フロイトとアドラーとでは注目する情報がまったく異なるのである。ふたりはまた、正反対に近い理論を展開していた。ユングは、その両者とも貴重なことをつかんでいると思った。彼はこれについてしばらく考え（さて、ユングは内向型だろうか、外向型だろうか？）、独自の理論を展開した。

ユングは、フロイトは外向的な人だと考えた。なぜならその個人的指向が、人や場所や事象という外の世界に向かっていたからだ。フロイトの理論の多くは、大勢の同僚との数々の文通や議論とともに展開された。フロイトは、心理学の目標は、外の現実世界において充足を見出すことだと考えていた。ユングは、アドラーのほうは内向的だと考えた。彼の理論と関心が、人の思考や感情へ向けられていたからである。アドラーの理論は、彼が〝劣等感コンプレックス〟と呼んだ無力感を克服しようとする内面的苦闘に基づいている。彼は人間を自らの人生を形作る創造的アーティストとして見ていた。

フロイトと、アドラーやユングとの理論における意見の相違は、苦い結末を招いた。三人は袂《たもと》を分かち、それぞれ自分の道を進んだのである。その時点からフロイトは、自己愛に関する記述のなかで、内向性の概念を否定的に、〝世界に背を向けて内を向く〟という意味を含めて用いるようになった。これによって内向性の概念は、それを健全とする方向でなく、不健全ととらえる方向へ進み、このあやまった考えは今日も残っている。

ユングは自らの理論をさらに発展させ、人間には持って生まれた一定の気質があり、それが極端な内向型と極端な外向型をつなぐ連続体のどこかにその人を位置づけているものと推測した。彼はこうした傾向には、生理学的な理由があるものと信じていた。そしていま、科学によって、彼の直観が正しかったことが明らかになろうとしている！　彼は、連続体の上を自在に移動し、必要に応じて内向的になったり外向的になったりできるなら、わたしたちは世の中にうまく適応できるのだと気づいた。しかし、人間がそのようにできていないことも、彼にはわかっていた。わたしたちはどちらかの方向へ向けられている、あるいは、引っ張られているのだ。

ユングは、人にはみな、いちばん力を発揮できる〝本来の居場所〟があるのだと結論づけた。また、両極以外、連続体のどの位置も健全であると考えた。彼は、子供をその本来の気質の範囲外へ押しやることは有害で、それは「個人の生得的な性質を侵す」ことになると考えた。そうすることは、ある種の精神病の原因になるとさえ見ていた。

その一方、彼は、われわれは連続体の別の方向へも到達しうると指摘している。連続体の上を移動する能力は、その方法を認識することで高まる。たとえば、エネルギーを蓄えることを学べば、それによって余力が得られ、自分のさほど自然でない側面を動かせることができる。一日じゅう、利き手でないほうの手で書き物をすることを想像してほしい。できないことはないが、それにはふだん以上の努力と集中力が必要だろう。ユングは、本来の居場所の外で活動するのは、これと似たようなものだと考えた。できないことはないが、そうした活動は余分にエネルギーを消費し、新たなエネルギーを生み出すことはない。

あなたは内向型か？　外向型か？——自己診断テスト

さて、お待ちかね。あなたは、陸に打ちあげられた魚なのだろうか？　つぎの〔小テスト〕か、そのあとのもっと長い〔内向型人間のための自己診断テスト〕か、好きなほうをやってみよう。あるいは、両方をやってみて、どうなるか確かめてもいい。

〔あなたに近いのはどっち？——小テスト〕

つぎのふたつのリストの各項を見てみよう。自分に近い、と感じるのは、A、Bどちらの性格だろうか？　自分がどうなりたいかではなく、ありのままの自分について答えよう。第一印象に従うこと。

（A）

- ●物事の中心にいるのが好きだ。
- ●多様性を好み、単調だと飽きてしまう。
- ●大勢知り合いがいて、その人たちを友達だと思っている。
- ●相手が知らない人でも、おしゃべりするのは楽しい。
- ●活動のあとは高揚し、もっと何かしたいと思う。
- ●前もって考えなくても、話したり行動したりできる。
- ●たいてい元気いっぱいだ。
- ●聞き手になるより話し手になることが多い。

(B)

- 自分ひとりか、二、三人の親しい友達とくつろぐほうが好ましい。
- 深くつきあっている人だけを友達だと思っている。
- たとえ楽しいことでも、外で何かしたあとは、休息をとる必要がある。
- 聞き役になることが多いが、自分にとって重要なテーマについてはたくさん話す。
- 無口で冷静に見え、観察するのが好きである。
- 話したり行動したりする前に、考えることが多い。
- 人前で、または、プレッシャーがかかったときに、頭が空っぽになったことがある。
- せかされるのは好きでない。

どちらのリストが、より的確にあなたを表しているだろうか？　Aならば、あなたは外向型、Bならば内向型だ。そのリストの特質すべてを持っていないとしても、あなたはどちらかにより近いのではないだろうか。

われわれはみな、外向性にかたよった文化のなかで暮らしている。あなたは職場や家庭で、外向的であることをかなり強く求められているだろう。したがって、どちらの人物像が自分に近いか判断するのはむずかしいかもしれない。もしも迷ったら、こう自問してみよう。「自分がリフレッシュしたと感じるのは、どちらのときだろう？　静かに過ごしたあと（内向型）か、活動的に過ごしたあと〔外向型〕か？」それでも確信が持てない場合は、つぎの〔内向型人間のための自己診断テスト〕をやってみよう。

〔30項目で徹底解明──内向型人間のための自己診断テスト〕

内向性を調べるつぎのテストを、ストレスで消耗していない、くつろいだ気分の日にやってみよう。場所は、邪魔の入らない居心地のよい部屋の隅っこがよい。どの項も、「自分がどうありたいか」「そういう場合があるかどうか」ではなく、「ふだんの自分にあてはまるかどうか」で考えよう。分析したり、深く考えたりしないこと。たいていの場合、第一印象に従うのがいちばんだ。自分が外からどう見えるかについては、配偶者や友達に代わりに答えてもらってもいいだろう。自分で出した得点を友達の出した得点と比べてみよう。ふたつが一致しなかったら、お互いの意見を交換しよう。

設問には○×で答えること。全部答えたら、○の数を合計し、リストの後ろの診断結果で、自分が内向型か、外向型か、その中間かを確認しよう。

(1)休息が必要なときは、グループで過ごすよりも、自分だけか、二、三人の親しい人と過ごすほうが好ましい。

(2)プロジェクトに携わるときは、細切れでなく、まとまった長い期間を与えてもらうほうがいい。

(3)話をする前に予行演習を行うことがよくあり、ときには自分用にメモをつくる。
(4)概して、話すより聞くほうが好きだ。
(5)人から、物静かだ、謎めいている、よそよそしい、冷静だと思われることがある。
(6)祝い事は、大きなパーティーを開くより、ひとりの人か、数人の親しい友達だけでしたい。
(7)通常、返事をしたり、話したりする前には、考えなくてはならない。
(8)たいていの人が気づかないような細かなことに気づく。
(9)ふたりの人が喧嘩をした直後には、緊迫した空気を感じる。
(10)何かすると言ったら、ほとんどの場合、そのとおり実行する。
(11)仕事に締め切りや緊急性があると、不安を感じる。
(12)あまりに多くのことが同時進行していると、朦朧《もうろう》としてしまう。
(13)何かに参加するかどうか決めるのは、しばらく見学してからにしたい。
(14)長期的な人間関係を築くほうだ。
(15)他人の邪魔をするのは好きでない。邪魔されるのも好きでない。
(16)たくさんの情報を取りこんだときは、整理するのにしばらく時間がかかる。
(17)刺激の多すぎる環境は好きでない。世間の人がなぜホラー映画を見にいったり、ジェットコースターに乗ったりするのか、さっぱりわからない。
(18)匂い、味、食べ物、天候、騒音などに強い反応を示すことがある。

⒆創造的で想像力に富んでいる。または、そのいずれかである。
⒇たとえ楽しんだとしても、社交的な催しのあとは消耗してしまう。
(21)人を紹介するより、紹介されるほうが好きだ。
(22)人のなかや活動の場に長くいすぎると、不機嫌になることがある。
(23)新しい環境には、しばしば居心地の悪さを感じる。
(24)人に家に来てもらうのは好きだが、長居されるのは好きでない。
(25)怖くて折り返しの電話をかけられないことがよくある。
(26)人と会ったり、突然発言を求められたとき、頭が空っぽになることがある。
(27)ゆっくりと、あるいは、とつとつとしゃべる。疲れているときや、考えながら話そうとしているときは、特にその傾向が強くなる。
(28)ちょっとした知り合いは、友達とは考えない。
(29)きちんとしたかたちになるまで、自分の作品やアイデアは他人に披露できないと感じる。
(30)周囲の人に、自分で思っているより頭がいいと思われて、驚くことがある。

さあ、◯の数によって、自分がどこにあてはまるか、以下の診断を見てみよう。

●20〜30……完全な内向型。したがって、あなたにとっては、自分のエネルギーの流れを維持する手段と、自分の脳の情報処理の方式を理解することがきわめて重要だ。あなたは、自らの考え、印象、希望、価値観を通して世の中とかかわっている。外部の環境に左右されてはいない。本書は、あなたが内部の情報を活かして自らの道を切り開く一助となるかもしれない。

●10～19……中くらいに位置する。ちょうど両利きの人のように、あなたは内向的でも外向的でもある。おそらく、ひとりになりたいという気持ちと、外出して人と交わりたいという気持ちの板挟みになることがあるだろう。したがって、自分が確実に元気づくのはどんなときなのかに留意することが、とても大切である。あなたは、独自の考えや感情と他の人の基準の両方に基づいて判断を下す。そのため広い視野が持てるが、ときに物事の両面を見てしまい、立ち往生する場合もある。エネルギーとバランスを維持するため、自分の気質を評価できるようになることが大切だ。このことについては、さらに第2章で述べる。

●0～9……外向型寄り。あなたは、他者の価値観や現実に照らして、判断を下す。また、現実の枠のなかで働いて、変化をもたらす。中年に近づき、体力が衰えてくると、人と会うのをちょっとやめて、ひとりになりたいものの、何をすればよいのかわからないという状態におちいり、驚くことがあるかもしれない。孤独が必要になったとき何をするのが自分にとって最良なのか、思い出すすべを身につけるといいだろう。そのためには、あなたは内向型のスキルをもっと学び、外向型のスキルとのバランスをとらなければならない。

それでもまだ、自分が内向型なのか外向型なのか確信が持てなかったら、つぎのことを考えてみよう。危機に際して、あなたは機能が停止したような、意識がやや遠のいた気分になり、スローモーションで動いているように感じるだろうか？　それとも、即座に体を動かし、何も考えずに行動に出るだろうか？　ストレス下にあるとき、人間は生来の行動様式に立ち返る。もしもあなたが内にこもり、霧に包まれるように静けさに包まれてしまうなら、あなたは内向型寄りだ。逆に、自らを行動へと駆り立て、反応するなら、外向型寄りである。どちらの反応にも、それぞれ利点はある。

社会は内向型人間を必要としている

ユングは、よい人生とは完全への到達をめざすものだと考えていた。完全というのは、あらゆる部分を備えることではなく、自分自身の強さと弱さを知り、それらを評価することによって、調和を達成することである。これまで論じてきたように、ユングは、外向型／内向型連続体のすべての位置が、健全であり、必要であると考えていた。

世の中には、生まれながらに外向的な人もいれば、内向的な人もいるが、エネルギーを得られ、なおかつ、あまり消費せずにすむ自然な居場所はだれにでもある。年をとるにつれ、わたしたちのほとんどは、外向型／内向型連続体の中央へと近づいていく。しかし世の中のバランスを保つためには、両方の気質タイプの力が必要だ。

この本のなかで、わたしが光を当て、論じようとしているのは、内向型の人の隠された長所と力である。外向型の人はこれまでずっと、数々のよい評価を受けてきた。わたしは、内向型の長所を示すごとに、外向型の長所も示すということはしない。むしろ内向型の長所が、いかに外向型の限界を補えるかに焦点を合わせるつもりである。それぞれの気質は、もう一方の気質の足りない部分に力を与えるものなのだ。

すべての人間に多くの面があることを忘れないでほしい。善と悪に分けられてきた特質は、外向性と内向性だけではない。どうやら人間には、自分たちをいい部分と悪い部分に分ける癖があるようだ。たとえば、一九九五年、ダニエル・ゴールマン博士は、革新的な本『EQ——こころの知能指数』（講談社）を発表している。それまで、知性は合理的な思考と結びつけて考えられてきた。感情は、不合理で価値の劣るものと見なされた。人間は〝頭〟と〝心〟に分けられていた。ところが、だれもが気づいているように、世の中には、非常に知的だけれども、常識や他人に対する思いやりには欠けた人もいる。その一方、共感の心と知恵にあふれているが、さほど知的でない人もいるのだ。

ゴールマン博士は、こう問いかけている——感情に知性を、街に礼儀を、社会に思いやりをもたらすには、どうすればよいのだろうか？　わたしたちは頭と心の両方を必要とする。反対の能力を持つ人から学ばねばならないのは当然のことだ。この社会は、人間性のあらゆる側面の恩恵を受けている。

この先の章で、わたしは内向型の人が世の中に提供すべき長所に焦点を当てる。内向型人間は、その所属集団に重要な特性をもたらす。深く見つめる能力、変化が関係者にどんな影響を及ぼすかを見抜く力、観察力、枠にとらわれず考える力、歓迎されない決断を下す力、世の中のペースを少しだけ落とす力などだ。もちろん、内向型の人はそれらの特性をそこに放り出し、家に飛んで帰ろうとするにちがいないが。

第2章　内向型人間はなぜ誤解されるのか？

われわれはいま相違点を解消することはできないが、相違があっても安全な世界づくりに貢献することはできる

——ジョン・F・ケネディ

前章でわたしは、内向型人間とは何者なのかを解説した。彼らは、燃料補給のためにプライベートな場所を必要とする人々、主なエネルギーを外界以外から得ている人々、通常、内省する時間を必要とし、発言する前に考える人々である。本章では、彼らが何者でないかについて論じようと思う。彼らは、臆病者でも、はにかみ屋でも、自己に埋没した一匹狼でもない。また、必ずしも、シャイであったり反社会的であるわけでもない。わたしたちの社会は内向型の人を正しく見ていない。なぜなら、彼らを見るときは、まちがった前提というレンズを通しているからだ。内向型人間のほとんどは、自分自身の気質を理解していない。なぜなら、内向性に関してあやまった考えを抱いて、育ってきたからである。さあ、ゆがんだレンズを研磨して、矯正しよう。

有名人にも内向型はたくさんいる

まずわたしは、内向型が世間を避けるシャイな人々であるという神話を打ち崩したい。一般に信じられているのとは逆に、有名人の多くは内向型人間だ。そして、その人たちはどう見ても壁の花とは言いがたい。

賞取り女優、ジョーン・アレンは典型的な内向型だ。彼女は成功を収めたが、人目を引く華々しさとは無縁である。彼女は、副大統領に扮《ふん》した《ザ・コンテンダー》での演技で、アカデミー賞の主演女優賞にノミネートされ、《ニクソン》と《クルーシブル》で二度にわたり助演女優賞にノミネートされている。また、ブロードウェイではトニー賞を一度、さらにオフブロードウェイ賞も一度取っている。アカデミー賞にノミネートされたことについてたずねられ、彼女はこう答えた。「オスカーをもらうことは、わたしの人生の目標ではありませんが、母は大喜びするでしょうね」彼女の主な関心は、めったにめぐり合えない優れた脚本を獲得することにある。《ザ・コンテンダー》の役柄に自身の性格のどんな面を投影したかをたずねられ、彼女はこう答えた。「プライバシーはわたしにとって非常に重要な問題です。わたしはとてもプライベートな人間なのです」その深みのある演技で知られる彼女は、ブロードウェイを離れず、長いこと映画に出ようとしなかった。本人はその理由をこう述べている。「どうも自分は、速いペースに適していない気がするのです」彼女は、ゆっくりだけれども着実な自分自身のテンポを評価するようになり、自らの製作会社には、「リトル・バイ・リトル（少しずつ）」という名をつけた。

内向型のなかには、いやでも注目の的となる人もいる。たとえば、イギリス王室のウィリアム王子の生活を考えてみよう。彼は自分のことで騒がれたり、写真を撮られたりするのが嫌いで、王室の他の人々よりプライバシーを求める気持ちが強い。「注目されると落ち着かないんだ」さまざまなインタビューで王子はそう述べている。「ゆったりタイプ」と評され、ある友人は「彼はふつうの男になりたいんだよ」と言ったとされる。王子は、ウィルズとかウィリアムと呼ばれるのが好きだという。飢えたマスコミに王室の人々を投げ与えることで有名な宮廷の高官らも、王子が、公的生活の重圧に耐えられるよう力になろうとしている。王室担当の記者たちはしばしば彼の知性、感受性、内省的な性格について書く。

またこの王子は、ダイアナ妃が離婚に際し、妃殿下の敬称を捨てる決意をしたことに影響を与えたと報じられた。「あなたがなんと呼ばれようとぼくはかまいません」彼は皇太子妃に言ったという。「あなたはいつまでも、ぼくのお母さんですから」

彼については、最終的に王冠を拒絶するかもしれないという心配さえある。彼はその職に就くことで、過剰な注目を浴びるのがいやなのだ。もしも王になったら、彼は数々の内向型の強みを王座で発揮することだろう。

孤独を愛することで知られたアルバート・アインシュタインは、環境がいかに残酷に内向型人間を傷つけ、その潜在能力を損なうかを示すいい例である。デニス・ブライアンはその著書『アインシュタイン――天才が歩んだ愛すべき人生』（三田出版会）で、一八〇〇年代のドイツの学校教育が、アインシュタインにとっていかにつらいものだったかを物語っている。「彼は打ち解けない無口な少年――傍観者だった」と。事実、アインシュタインは、丸暗記ができないことやその奇異な行動ゆえに、精神に障害があるか、〝頭が鈍い〟かだと思われていた。彼は、他の生徒たちのように質問にきびきびと答えることができず、ためらってばかりいた。仮にドイツの学校にずっといたら、優れた物理学者にはなれなかっただろう。幸い（皮肉にも）、父親に事業の才覚がなかったがために、一家はイタリアへ移ることとなった。アインシュタインの妹のマーヤは、たった六カ月で兄がすっかり変わったことに、驚きの目を見張った。「あの神経質で打ち解けない夢見る少年が、辛辣《しんらつ》な冗談を言う、愛想のいい社交的な若者になったのです。原因は、イタリアの空気？　温かな人々？　それとも、煉獄から脱出できたせいでしょうか？」彼女はそう言って不思議がった。

後にスイスの学校へ進学したとき、彼は最初、そこにドイツの学校のような息苦しい雰囲気があるのではないかと案じた。しかし「アルバートは、その自由闊達な雰囲気に胸をおどらせた。教師らは学生らとさまざまな事柄について――ドイツの学校では考えられないことだが、政治についてさえ――こだわりなく論じ合い、教室を吹っ飛ばされないかぎり、学生らが自ら化学実験を考案し、実践することを奨励した」晩年、アインシュタインはこう言っている。「わたしはすごく利口なわけじゃない。ただ、いろいろな疑問に人より長めに取り組んだだけだよ」内向型の人は、適切な環境のなかでのみ、その才能、たとえば、集中して探求する能力を、発揮できるのである。

内向型の人は、決して壁の花ではない。しかし彼らをステージ中央へ押しやるものは、外向型の人々とは異なる場合が多い。内向型の人は、自分にとって意義ある仕事を探求することで、あるいは、非凡な才能とか特殊な状況下で、脚光を浴びるのだ。彼らも束《つか》の間は、名声のもたらす華やかさを楽しむかもしれない。だが同時に、それは彼らのエネルギーをひどく消耗させるだろう。ジュリア・ロバーツは、元気のよい内向型人間として知られている。「タイム」誌のインタビューで、彼女は、映画の撮影中は昼休みのほとんどを寝て過ごしていると述べた。「そうすると、一日の残りは、はるかにいい人でいられるの」内向型の有名人の多くは、その華やかさから遠ざかる時間をつくらねばならないのである。

そのほか内向型の有名人を挙げてみると……

- ●エイブラハム・リンカーン（アメリカ合衆国第十六代大統領）
- ●サー・アルフレッド・ヒッチコック（映画監督）
- ●マイケル・ジョーダン（バスケットボール選手）
- ●トーマス・エジソン（発明家）
- ●グレース・ケリー（女優）
- ●グウィネス・パルトロウ（女優）
- ●デイヴィッド・デュバル（ゴルファー）
- ●ローラ・ブッシュ（元アメリカ合衆国大統領夫人）
- ●ビル・ゲイツ（ソフトウェア業界の草分け）
- ●キャンディス・バーゲン（女優）
- ●クリント・イーストウッド（俳優、映画監督）

●チャールズ・シュルツ（ピーナッツ・シリーズを描いた漫画家）
●スティーヴ・マーティン（コメディアン、俳優、文筆家）
●ハリソン・フォード（俳優）
●ミシェル・ファイファー（女優）
●キャサリン・グラハム（ワシントン・ポストの元オーナー）

〝わがままで人嫌い〟ってほんとう？

さて、ここで、内向型の人によく投げつけられるふたつの非難に注目してみよう。すなわち、内向型の人は自己中心的だ、そして、非社交的だというものだ。内向型の人がときに、自己に埋没しているように、あるいは、周囲に無関心に見える理由は簡単だ。わたしたち内向型は、「もう手一杯」となると、外部の刺激を締め出してしまう。なぜなのか？　わたしたちには、外での体験を自分のなかの体験に照らし合わせる必要があるからだ。それは、新たな情報を古い情報と比較し、理解しようとする試みである。わたしたちは考える――あの経験は自分にどんな影響を与えたんだろう？

内向型人間は自己中心的であるどころか、むしろその正反対であることが多い。内部の世界に集中して、自分が感じ、経験していることを深く考える能力は、外部の世界と他の人間を理解する助けとなる。自己中心的と見えるものが、実は、他人の身になって考えることを可能にする天分そのものなのである。

外向型の人もまた自己に集中するが、その方法は異なっている。外向型の人は社交好きで、他人といっしょにいたがるが、それは結びつきを感じるためであると同時に、刺激を受けたいからでもある――「わたしを参加させて」「わたしに挑戦して」「反応するための何かを与えて」というわけだ。外向型の人は、内向型の人ほど多くの刺激を内部で発生させないので、それを外部に求めなくてはならない。おそらくこれが、外向型の人が内向型の人をけなす理由なのだろう。わたしたち内向型は、彼らを怒らせる。なぜなら、出し惜しみしているという印象を彼らに与えるからだ。また、わたしたち内向型は、彼らを恐れさせる。なぜなら、無駄話もしなければ、彼らの求めるかたちの人づきあいもしないからだ。

ここで思いいたるのが、内向型の人に対するもうひとつの大きな偏見――内向型は社交嫌いだという考えだ。内向型の人々は、非社交的なわけではない。ただちがうかたちで人と交わっているだけなのである。内向型の人は、多くのつきあいは必要としないが、より親密な強い結びつきを好む。他者とかかわることは、わたしたち内向型から大量のエネルギーを奪い取る。そのためわたしたちは、あまり社交にエネルギーを使う気になれない。無意味なおしゃべりを喜ばないのもそのためだ。

内向型は、自分に栄養とエネルギーを与えてくれる中身の濃い会話を好む。そういった会話はわたしたちに、幸福の研究家の言う〝快感のヒット〟をもたらす。中身の濃い考えを反芻《はんすう》しているとき、わたしたちは満足感や喜びといった快感を味わう。なお省エネルギーは、内向型が他者に大きな関心を持ちながら、ときとして仲間に加わるよりただ見ているほうを好む理由でもある。

外向型の頭脳は、人混みのなかにいたり、スタンドでひいきのチームに声援を送っていたりするだけで、多少の〝快感のヒット〟を放つ。脇で静かにすわっていれば、彼らは退屈のあまりしぼんでしまうだろう。外向型人間は、外での活動をエネルギー源とするため、街に出て、花から花へ飛び回るのが好きだ。彼らは言う――何か刺激をちょうだい、そうしたらつぎへ行くから。もう一度言うが、これはただ、社会とのかかわりかたがちがうだけであって、そのほうがいいということではない。自分の気質のために、人に非難されることはない。あなたがちがっているからといって、外向型の人に迷惑がかかるわけではないのだ。自分を責めるのはもうやめよう。

話し上手が世渡り上手

外向型人間は、多数派なので、各社会における内向性に対する見かたを左右してしまう。外向型人間の気軽なおしゃべりは、内向型人間を萎縮させる。このため内向型人間はよけいに、自分はしゃべらないほうがいいのだと思いがちだ。『性格の心理学――見解、研究、および、応用』の著者で、シャイに関する研究の第一人者であるベルナルド・J・カルドゥッチ博士は、こう述べている。「我が国の創立者たちは、その信仰ゆえに排斥された人々だ。そのため彼らは、全国民に自らの考えを発言する自由を与えるべく力を尽くした。今日《こんにち》、われわれは大胆さと個性を高く評価している。話す者は大きな影響力を持つものと認められ、模範とされる。われわれは、話す能力、勇気、率直さを大いに重んじている」興味深いのは、ここで言われる〝個性〟が外向的な人間の特質を指していることだ。話術は、欧米のほとんどの社会で、重視されている。テレビ番組でも言葉による一騎打ちを主眼としたものの人気が高い。

内向型の人は、話すための話はしない。発言するときは、自分の考えを口にする。ときには、それさえも差しひかえることがある。ある日、わたしが数人の同僚と午後のお茶を飲みに出たときのこと。頭のいい無口な女の子、ジェイミーがこう言った。「わたしは、一回のセミナーでふたつしか意見を言わないことにしているの」「まあ、そんなことやめてよ」みんないっせいに言った。「わたしたち、あなたの意見を聞きたくてたまらないんだから」

ジェイミーはひどく驚いた。仮にそのときセミナーでの自分の方針に触れなかったら、彼女はこうした反応を得ることもなかっただろう。内向型の人にありがちなことだが、彼女は自分ばかりが時間をとりすぎてはいけないと思っていたのだ。わたしたちはジェイミーに、みんな、彼女の貴重な意見を聞きたいのだと言い聞かせた。

この国は、いかにも自信に満ち、決断力がありそうな弁の立つ者を高く評価する。内向型の人は、わたしたちが大いに尊ぶこうした〝リーダー・タイプ〟とは、まさに正反対の特性を見せることが多い。このことは、内向型と外向型の間に、誤解と批判に満ちた溝をつくり出している。

内向型が外向型を不安にさせる三つのポイント

内向型の人がときとして自分をひどく異質に――まるで宇宙船でよその星に着陸してしまったかのように――感じ、始終、誤解を受けるのには、いくつか理由がある。内向型の人は、自分や自分の行動を表に出さない。だから、よそよそしく、謎めいて見えることがある。それに、これまで見てきたように、多くの社会は外向型の長所を賛美するし、多くの外向型人間は内向型の人がこの世にもたらす贈り物に疑いの目を向ける。悲しいことに、わたしたち内向型は、自らの貢献を認識さえしていない。

文化に深く根づいた認識は、言語に織りこまれる。言語は、わたしたちの抱いている、また、わたしたちをとらえている価値観や信念を反映するのだ。類語辞典ウェブスターズ・ニュー・ワールド・シソーラスでは、「内向型人間」はこうなっている。「……ふさぎ屋、自己観察者、エゴイスト、ナルシスト、隠遁者、一匹狼、単独行動者」これを見たとき、わたしは、森のちっぽけな小屋に潜む爆弾魔ユナボマーを思い浮かべてしまった。

同じ辞典で「外向型人間」はこう定義づけられている。「……他人指向の人、社交家、パーティーの花形、目立ちたがり屋」外向型人間は、悪く言われてもせいぜいこの程度なのである。

外向型人間の疑いを招きうる内向型人間の特質をいくつか見てみよう。このリストに目を通す際、覚えておいてほしいのは、混乱を招く要因はそれだけではないということだ。つまり内向型人間は、エネルギーの満ち干ゆえに、一貫性がないように見えるのである。ある日はバッテリーが充分充電されていて、おしゃべりで社交的、別の日は疲れ果てていて、ほとんど口をきかないという具合だ。このことは、さらに周囲の人々を混乱させ、とまどわせている。

内向型の人の傾向は――

●エネルギーをなかにためこむ。そのため、他人にわかってもらいにくい。
●考え事に没頭する。
●なかなか口を開かない。
●人なかを避け、静けさを求める。
●他の人が何をしているかを忘れてしまう。
●人と会うことに慎重で、厳選した活動のみに参加する。
●気軽にアイデアを出さない。多くの場合、周囲が意見を求めなくてはならない。
●ひとりで、または、邪魔されずに過ごせる時間が足りないとイライラする。
●慎重に考え、行動する。
●表情や反応をあまり見せない。

このリストを見れば、外向型の人にとってなぜわたしたち内向型が謎めいて見えるのかは明らかだろう。内向型と外向型の間には、主に三つのちがいがある。それは、大きな誤解へと広がるひびを生む。

① 考えがまとまるまでは話さない

外向型の人は考えながら同時に話す。彼らにとって、これはなんでもないことだ。それどころか、声に出して言うことで、物事がよりはっきり見えてくるのである。これに対して、内向型の人は考える時間を必要とし、よく知っていることでないかぎり自発的には発言しない。外向型の人には、内向型人間が用心深く、あるいは、受動的に見える。外向型の人は即興的にしゃべることに慣れているため、寡黙な内向型に対しては不信感を抱きがちだ。内向型の人がためらいがちに話していると、外向型の人はイライラする。さっさと吐き出しちまえ、と彼らは思う。なんで、こいつは自分の意見にもっと自信を持たないいんだ？　いったい何を隠そうとしているんだ？　外向型の人は内向型の人を、情報や意見を出し惜しむ人間として受け止めかねない。たとえば、ある会議のあと、わたしは外向型の知人の何人かに聞かれたことがある――なぜ考えていることをちゃんとみんなに話さないの？　なぜ話し合いに加わって、意見を述べないの？

どういうわけで隠し事をしているなどと思われるのか、わたしにはさっぱり理解できなかった。しかし、わたしは「謎めいている」と言われたこともある。こちらから言わせてもらえば、わたしは、いざ発言するときは、なんでも腹蔵なく話している。ところが、口を切るまでがおそろしく長いので、外向型の人にしてみれば、わざと何かを隠しているように見えるらしい。

内向型の人が考えをまとめ、意見を述べるまでには時間がかかる。外向型の人はこの点を理解しなければならない。しかし、内向型の人が熟慮のすえに考えを固めたときや、話題となった事柄について深い知識を持っていたときは、要注意だ。おとなしかった内向型人間の舌はすごい勢いで回りだすだろう。

②アピールが下手

発言をしぶっているように見えたり、ゆっくり話したりするとき、内向型の人は、外向型の人を惹きつけることはできない。外向型の人は（ときには内向型の人までも）こう考えるだろう――この人には耳を傾けるに足る考えなど何もないのだ。内向型の人は割りこむのが嫌いなので、発言するときも、声が小さかったり、ひかえめだったりする。また、内向型の人の発言内容は、一般的な会話のレベルより深い場合がある。そのため、周囲の人は居心地が悪くなり、その言葉を無視してしまう。あとで、別な人が同じことを言って多数の反応を得ることもある。かくして、その内向型の発言者は、透明人間のような気分になる。これは彼らにとって、いらだたしく不可解な現象である。

内部で精神の歯車が噛み合ってギシギシ回っていても、内向型人間の多くはそれをまったく表に出さない。社交の場では、その表情は無感動、または無関心に見える。だが、圧倒されているか、ほんとうに無関心か（話が軽すぎるとそうなる）でないかぎり、彼らはつねにみんなの発言についてあれこれ考えている。たずねられれば、ちゃんと意見も述べるだろう。

わたしは長年の経験から、内向型のクライアントたちに何を考え、何を感じているか、たずねる習慣を身につけた。ほとんどの場合、彼らはそれまでの話し合いをさらに発展させるような発言をする。しかし顔が無表情なので、そのときまでは、彼らが話に身を入れているのかどうかさっぱりわからないのである。内向型の人が目を合わせなかったり、聞いているそぶりを見せなかったりすると、集団の他の面々はその人を除外しにかかるかもしれない。

③慎重さが外向型のヤル気をそぐ

わたしたち内向型人間は、たいていの外向型人間のいやがることをする。これが、外向型が内向型に不信感を抱く三つ目の理由である。わたしたちは彼らに、ぐいぐい突き進む前によく考えてみてはどうか、などとすすめる。ペースを落とし、計画を立て、結果を考え、じっくり検討してから行動に出てはどうか――内向型人間にそう言われると、外向型人間はびっくりする。彼らにはすでにプロジェクトの結末、たとえば、裏庭に植えられたばかりの新しい花々などが見えているのだ。早くも園芸店へ行き、色とりどりの苗を買う気になっているのだ。彼らは競走馬に似ている。もしも引き留めようとすれば、ヒンヒンいななき、手綱を引っ張る。

これとは対照的に、ペースの遅い内向型は立ち止まって、薔薇の香りを楽しみたがる。「まずすわって裏庭を眺めて、何をどんなふうに植えればいいか考えようよ」と彼らは言う。内向型を進ませようとするのは、カメを急がせようとするようなものだ。たとえお尻に火をつけられても、彼らのペースは上がらない。内向型と外向型はときとして、たしかにお互いの気に障る。

無理やり「外向型になれ」と言われても……

絶えず外向型と比べられながら育つことは、内向型人間に非常な悪影響を及ぼしかねない。内向型の子供のほとんどは、表立って、あるいは暗に、おまえはどこかおかしいのだという考えを吹きこまれて育つ。彼らは非難されていると感じる――「なぜさっさと質問に答えられないんだ?」それに、さげすまれている、とも――「こいつはあまり利口じゃないんだな」わたしがインタビューした内向型人間は、五十人中四十九人までが、あるがままの自分を非難され、さげすまれてきたと感じていた。しかし五十人目のグレッグという牧師はちがった。

ある講演で、グレッグがごくさりげなく、自分は内向的な人間だと言うのを聞き、わたしはただちに本書のためのインタビューを彼に申しこんだ。自分の内向性についてなぜあれほど堂々と語れるのか、それをさぐり出したかったのだ。やがてわかったのは、彼は家族全員が内向型の家に育ったということだ。そのため彼は、陸に打ちあげられた魚のような気分を一度も体験したことがなかったのである。自分自身を受け入れる素地が早期からはぐくまれたおかげで、グレッグはバランスのとれた内向型人生を築きあげていた。

この例は、わたしたちの素質を伸ばす環境がいかに重要かを物語っている。あいにく、ほとんどの人間は、内向的な特質を受け入れ、伸ばすような家庭では育っていない。

内向的な子供たちはたいてい、大声ではっきりと、おまえはどこかおかしいのだ、と吹きこまれて育つ。ある研究では、内向型と外向型の人々が、理想の自分として外向型と内向型のどちらを選ぶかを三度問われた。また、彼らは、理想のリーダーとして、外向型と内向型のどちらを選ぶかも問われた。結果は三度とも同じだった。わたしたちの文化の偏見を反映し、内向型、外向型のどちらもが、理想の自分にも理想のリーダーにも外向型を選んだのだ。わたしたちは、外向型人間を持ちあげ、その要求を満たす文化のなかで生きている。「自分たちは外向的であるべきだ」と確実に教えこまれているのである。

あやまった押しつけが罪悪感と羞恥心を生む

わたしがセラピーを行ってきた、知的で内向的なクライアントのなかには、自分には生まれつき欠陥があるのだ、脳のどこかが欠けているのだ、と思っている人が大勢いた。さらにまずいことに、彼らは罪悪感と羞恥心を抱いていた。罪悪感と羞恥心という言葉は、しばしば混同して使われるが、このふたつの感情は、ときとして区別がむずかしいものの、まったく別物だ。

羞恥心とは、タールのように体にべったり貼りついた、苦痛に満ちた強い屈辱感である。それは、ありかたにかかわっている。自分には価値がない、とか、生まれつき欠陥がある、などと思うとき、人は羞恥心を抱く。その結果、生まれるのは、無力感と絶望感だ。羞恥心は、殻《から》にこもり自分を隠すよう、わたしたちを駆り立てる。

羞恥心を表す言葉はたくさんある。「穴があったら入りたい」「床がぽっかり割れて、わたしを飲みこんでくれればいいのに」羞恥心はみじめな気持ちだ。それは、自分の内部の世界を周囲の人々と分かち合う喜びを、踏みつぶしてしまう。そしてわたしたちは、こう感じる――うっかり自分を見せると、ひどい傷を負ってしまう。ずっと隠れていたほうがいい。

羞恥心は、混乱を招く複雑な感情であり、それを誘発するには特定の条件が必要だ。稲妻が空を裂き、雷鳴が轟《とどろ》くために、特定の大気の状態が必要なのとよく似ている。羞恥心を味わうためには、まず、きわめて個人的な何かを他人の目にさらしたいという気持ちがなくてはならない。たとえば、友人に自分が非常に誇りに思っている何かを見せることを想像してほしい。これが、羞恥心を引き起こすのに必要な〝大気の状態〟である。あなたは自分を差し出し、注目してもらおうとしている。仮に、賞賛でなく、しかめっ面や、嫌悪、怒り、非難、軽蔑の眼《まなこ》で報いられたら、それは身を隠したいという強い感情を引き起こすだろう。これがすなわち、〝羞恥心〟である。

羞恥心はあらゆる人に影響を及ぼすが、内向型人間にとってこれは二重の打撃となる。辱《はずかし》められた場合、内向型の人には心を鎮める余力がほとんどないからだ。わたしたち内向型人間は、その先長いこと、殻にこもって、出てこないかもしれない。これは、みんなにとって大きな損失だ。

罪悪感は羞恥心よりはるかに単純な感情である。それは、わたしたちの行動にかかわっている。罪悪感は、盗み食いをしようとして見つかったときのような気持ち――悪いことをしたという、心をさいなむいやな気持ちだ。

わたしたちは、人を傷つけたとき罪悪感を抱く。あるいは、規則を破れば、つかまるのではないかと不安になる。罪悪感にうながされ、わたしたちは、自分の悪い行いを告白し、償《つぐな》いをしようという気になる。

あまりに罪悪感が強いと、内向型の人は殻にこもってしまいかねない。彼らが罪悪感を抱く理由はたくさんある。内向型の人の多くは、より広い視野をもって人間同士のかかわりを見ている。

そのため、自分の言動が他人にどんな影響を与えるかをひどく気にするのだ。また、内向型の人は、自分にとって迷惑なこと――たとえば、邪魔されることなど――は、他の人にとっても迷惑だろうと考える。彼らは非常に観察力が鋭いので、自身のささいな失敗についても罪悪感を感じる。多くの場合、実際にはそうでないのに、人に悪いことをしたと心を悩ませる。そのうえ、他の人を傷つけるのを恐れるあまり、よけいに外の世界と距離を置くこともあり、そうすることで、自分自身の日々の充足感を減少させてしまう。それによって社会もまた、内向型の人々の貢献を受けられなくなる。

罪悪感と羞恥心の消しかた

罪悪感と羞恥心の処理のしかたを学ぶことは、内向型の人にとって重要である。そうしないと、わたしたち内向型人間は、多くの時間をみじめな気持ちで過ごすことになりかねない。自分自身を軌道にもどすために、つぎの治療法を活用しよう。

●罪悪感を覚えたら、自分がほんとうにだれかを傷つけたのかどうか確かめる。わたしたち内向型は、傷つけてもいないときに人を傷つけたと思いがちだ。たとえば、内向型の人は他人の邪魔をするのを好まない。突然、会話に入っていき、だれかの言葉をさえぎってしまったら、罪悪感を覚えるかもしれない。しかし多くの人は、割りこまれるのを気にしてはいない。だから、自分がだれかを怒らせたと思いこむ前に、まずその相手に確かめてみよう。たぶんその人は、あなたが想像していたような気持ちにはなっていない。こんなふうに自分に言おう——「わたしはなかなか会話に入っていけなくて、ジェインの言葉をさえぎってしまった。でも大丈夫。彼女は気にしていないようだ」

●ほんとうにだれかを傷つけてしまったら、誠意をもってあやまり、それから先へ進む。「あ あ、ごめんなさい。お話の途中だったわね。何を言おうとしたの?」罪悪感の主な解毒剤は、謝罪することだ。人はだれしも過ちを犯す。自分を許そう。

●べっとりするいやな気持ち、羞恥心を覚えたら、何がそれを誘発したのか突き止める。たとえば、同僚のだれかに会議で何かたずねられ、返事をしたいのになんの答えも頭に浮かばなかったなら、それがあなたの羞恥心の引き金となっているのかもしれない。あなたは、「穴があったら入りたい」と思う。「わたしはダメ人間だ、頭がよくない」などと考える。

はい、そこまで。自分にこう言おう。「あれは、脳の働きかたの問題にすぎない。わたしはつねに即答できるたちじゃないんだ。アインシュタインもそうだった。同僚には、その件についてはよくよく考える必要があるから、あとで返答する、と言えばいい」そして、このことはもう忘れること。差恥心の主な解毒剤は、自負心である。あなたにはなんの欠陥もない。そのことを言い聞かせよう。あなたはどこもおかしくない。ただ、脳の働きかたがちがうだけなのだ。熟考は有益だ。ありのままのあなたでいるのは、いいことなのである。

自分のエネルギー・レベルを知ろう

内向的であればあるほど、あなたの過去には、ありのままの自分に罪悪感や羞恥心を覚えるケースが多かったにちがいない。それにおそらく、誤解されていると感じることも――また、自分を誤解することも――よけいにあったことだろう。こういった経験は、あなたを消極的にしてしまったかもしれない。過度の引きこもりを避けるテクニックはふたつある。ひとつは、前述の罪悪感と羞恥心の解毒剤をうまく使いこなすこと。ふたつ目は、自分の気質の熱を測れるようになることだ。体温計の水銀の位置を読みとるように、自分のエネルギー・レベルを自由に測れるようになろう。

エネルギー・レベルは、毎日、測ることができる。また、ある一日や一週間、または、人生全体を調節し、エネルギーの需給バランスを維持することも可能だ。そうすることであなたは、消耗したり思考停止におちいったりしにくく、周囲からの非難やさげすみにも強い、自信に満ちた内向型人間になれる。ぜひ試してみよう。

たとえば、ここしばらくヴェラ叔母さんが滞在していたとしたら？　一週間にわたり、機銃掃射のごとくしゃべりまくる叔母さんが、家じゅうくっついて歩いていたとしたら？　いまのあなたはどんな状態だろう？　腕がだるい？　耳鳴りがする？　体がくたくた？　足が鉛のよう？

もしそうなら、エネルギーを回復するために、今週の予定にはたくさんの休憩時間を組みこもう。逆に、週末いっぱい、静かな自宅に閉じこもっていた場合は？　全身、エネルギーがみなぎっている？　頭のなかはやりたいことでいっぱい？　何か始めたくてうずうずしている？　ならば、これは先延ばしにしてきたことをするいい機会だ。

当然ながら、あなたのエネルギー・レベルがこんなに明快であることはめったにない。そこで、目盛りを読みとるために、自分自身につぎの質問をしてみよう。

●精神的エネルギー・レベルはいま、どれくらいだろう？　わたしは覚醒しているのか、朦朧《もうろう》としているのか、それとも、脳死状態なのか？
●肉体的エネルギー・レベルはいま、どれくらいだろう？　わたしはへとへとなのか、元気なのか、それとも、溌剌《はつらつ》としているのか？
●いまのわたしは、刺激過剰だろうか、それとも、刺激不足だろうか？
●ひとりの時間は必要だろうか？
●外の刺激はいまのわたしのためになるだろうか？（例　友達と会う、博物館に行く）

心身のエネルギー・レベルをチェックする練習を積めば、あなたも自分自身の気質の熱を測れるようになる。そうなったら、たとえば、だれかに中華料理を食べにいこうと誘われたようなときも、前より自信を持って返事ができるだろう。充電できているならオーケーすればいいし、燃料不足ならことわればいい。罪悪感や羞恥心を抱くことも、自分は永遠に外に出ないのでは？などと案じることもない。燃料タンクがいっぱいの次回には、自分がお誘いを受けるのがわかっているからだ。

第3章　内向型は生まれつき？——すべては脳のなせるわざ

あなたのなかには、いつでもそこへ引っこみ、自分自身になれる、静寂と聖域がある

——ヘルマン・ヘッセ

わたしたちはなぜ内向型、あるいは、外向型となるのだろうか。脳はその秘密をなかなか明かそうとしなかった。最近になるまで、脳内で何が起こっているかを知るためには、行動を観察し、おそらくこういうことだろうと推理するしかなかったのである。カール・ユングは、その知識を基に、内向性、外向性には生理学的根拠があるものと推測した。ただし一九〇〇年代初頭、それを確かめる手段はなかった。

しかし脳をスキャンし、画像化する技術が進んだいま、脳内の通信経路と、それが人間の行動にどう影響しているかが、次第に明らかになりつつある。たとえば、わたしたちは、脳内の地図をつくり、その各部の働きを特定の経験や行動に正確に結びつけることができる。脳のどの機能が気質に影響を及ぼすかもまた、精神の地図の作製により証明される。

科学者らは脳の旅においていまだ探索段階にあるが、その全貌は驚くほど複雑なものらしい。このことは、脳の働きに関して、各研究者の説が少しずつ異なるという事実に反映されている。

本章で紹介する説のいくつかは、まだ推論にすぎない。より確実なことがわかるまでには、この先何年もかかるだろう。とはいえ、わたしたちがいま、驚異に満ちた脳の秘密を解き明かす途上にあることはたしかだ。

人間はみな生まれながらに、各自の気質を形成する特定の素材、つまり、生得的特性を備えている。その著書『感情の分子』で、キャンディス・パートは気質をその他の人間の特徴から切り離そうとしている。

パートはこう述べている――「専門家たちは、情動と気分と気質をも区別している。情動は一過性であり、その原因となるものを明確に特定できる。気分は数時間から数日間持続し、情動より原因を突き止めにくい。気質は遺伝的要因に基づくため、通常、（一定の変化は起こるが）生涯、その人についてまわる」

遺伝の影響下にあり、長期的にかなり安定しているという事実に加え、気質には他にふたつの基本的特色があるという点で、研究者らの意見は一致している。気質は、個人ごとに異なり、人生の初期に現れるのだ。

気質を形成する基本的特性については、まだ完全なコンセンサスは得られていない。しかし、内向性／外向性は、すべての人格理論家の特性リストに含まれており、気質を構成する要素としてもっともたしかなものと考えられている。

気質は何に由来するか？

近年の遺伝子と脳の地図作製における大躍進は、人間の気性の謎を科学的な目で見つめることを可能にした。チャールズ・ダーウィンの理論のいくつかは心理学の理論と結びつき、進化心理学という新たな視点をもたらした。この分野の研究者らは、特定の行動戦略がわたしたちの生存と生殖のチャンスを増しているのではないか、と考えている。

ダーウィンは、ガラパゴス諸島のフィンチを研究した。彼は、この鳥が環境に応じて、特異な形にくちばしを変化、発達させてきたことを発見している。くちばしの多様性により、彼らはそれぞれ異なる食餌のニッチ（生態的地位）を得ることができた。昆虫のみを餌とするのではなく、いまでは、昆虫、ベリー類、種、ナッツなどさまざまなものを食べられるのである。このことは、種全体の存続のチャンスを高めた。

内向性と外向性に関する論文を初めて執筆したとき、ダーウィンの賛美者であるユングが気質というものを進化論的視点から見ていたのは明らかだ。彼は気質の各バリエーションを、それぞれ独自の最適な環境――栄えるための自然なニッチ――を求めるものとしてとらえた。人々が別個の最適な環境で繁栄すれば、人類全体の存続のチャンスは増す。それは、自然が種を保存するやりかただ。ユングはこう書いている――内向型の人間はエネルギーを保存し、少数の子供を持ち、身をまもるすべを数多く備え、より長く生きる。彼らは、シンプルな生活を重んじ、親密な結びつきを形成し、計画を立て、新しい手法を生み出す。そのため、他者にも慎重であること、内省すること、行動する前に考えることを奨励する。

これに対して、外向型の人間はエネルギーを消費し、より多くの子孫を残す。身をまもるすべはあまり持たず、短命である。危険が迫ると、すばやく行動し、大きな集団のなかで折り合っていく能力を持つ。彼らは、より遠くへと出かけていき、新しい土地、食物、異なる文化を見つけようとする。そのため、広範囲にわたる探検を奨励する。

自然界の安定はしばしば、相反するふたつの力の緊張によって保たれている。敏捷《びんしょう》なウサギと、動きの遅いカメ。内向型と外向型。男と女。思考と感情。人間には本来、順応性が備わっている。わたしたちは、完璧な均衡、つまり、満足にいたらないようにできており、それゆえつねに生理的に柔軟であり、変化を求めつづける。わたしたちには、数々の多様な環境に適応する力があるのだ。

人間の体の安定性は、適応しながら一様でありつづけるという原則の上に成り立っている。体は、流動的バランスを維持する、対立し合う調整機構を持つ。ちょうどシーソーのように、体のすべてのシステムには、興奮（〝強める〟）側と、抑制（〝弱める〟）側がある。どこかの調子が狂うと、体のなかのさまざまな計器が信号を発する。この信号が連結し合うフィードバック・ループを通ってシステムを調節し、体の流動的な恒常性を回復させるのである。

人類の歴史が始まって以来、人々はそれぞれの個人が持つ明らかなちがいを説明しようとしてきた。これらのちがいは、しばしば、バランスという観点から考えられた。紀元前四、五世紀に起こった体液説は、大ブームを巻き起こし、バランスのとれた気質のためには、同量の四つの体液――黄胆汁、黒胆汁、血液、粘液――が必要であるとされた。中国では、バランスとは、〝気〟という五つのエネルギー――木、火、土、金、水――を基礎とするものだった。

何世紀にもわたり、数々の異なる分類法が流行っては、すたれていった。生得的気質という考えかたは、ナチスがユダヤ人、ロマ、同性愛者といった人々を殺害する口実として人種的ステレオタイプを利用したことから、何十年も日の目を見なかった。最近になってようやく、精神生物学における技術の進歩、双子の研究、動物の研究、脳に損傷を受けた人々の研究とともに、気質という観念が復活したのである。

人にはそれぞれその気質に適した環境があり、そのなかでこそ、快適に過ごし、最大限の力を発揮し、種に不可欠なバランスを維持しうるということは、かなり前から認められている。これまでとちがうのは、気質が脳のしくみを土台としていることを、わたしたちが理解しはじめた点である。

行動パターンを決定する脳内物質

わたしたちの気質はどこで生まれるのだろうか? その起源は遺伝子である。わたしたちは、遺伝子によってつくられる。遺伝子は、化学的なレシピを受け継いでおり、それが、各人の構造――細胞、組織、器官、系の形作る心身の複雑なネットワーク――を決定づける。全人類の遺伝的処方箋は、九九・九パーセントまで同じだ。個人間のちがいは、たった〇・一パーセントの自分特有の遺伝子素材によって生じる。チンパンジーとヒトの遺伝子は、九八パーセントまで同じである。ほんのちょっとした遺伝子素材の差で、わたしたちはまったくちがったものになっているのだ！

遺伝子はわたしたちの気質にどのように影響しているのだろう？　気質のちがいは、主として神経化学物質に由来するようだ。わたしたちの遺伝形質のなかには、約百五十種の脳内化学物質と、神経伝達物質を処方するレシピとが含まれている。神経伝達物質は、細胞から細胞へ指示を伝え、脳のあらゆる働きを指揮している。現在までに約六十種の神経伝達物質が確認されており、主なものとしては、ドーパミン、セロトニン、ノルアドレナリン、アセチルコリン、エンドルフィンなどがある。

これらの神経伝達物質は、脳内に特定の経路を持っている。その経路をたどりながら、神経伝達物質は、血液がどこを巡回すべきか指示し、また、脳の各中枢に流れる量を調節する。血流のルートと量は、脳を含む中枢神経のどの部分が〝オン〟になるかを左右する。外界に対する人間の反応、わたしたちがどう振る舞うかは、中枢神経のどの部分が活性化しているかで決定される。

刺激を求める遺伝子

ここで、気質を左右する遺伝子のひとつ、Ｄ４ＤＲの働きを追ってみよう。忘れてならないのは、どんな遺伝子も単独で特定の気質を生じさせはしないということだ。しかしＤ４ＤＲ、別名〝新奇性追求遺伝子〟については、広く研究が行われ、驚嘆すべき結果がもたらされている。この遺伝子は、マット・リドレーがその著書『ゲノムが語る23の物語』（紀伊國屋書店）で、行動に影響を及ぼすという理由から性格染色体と名付けた、第11染色体に収められている。この遺伝子の研究により、形式を愛するヴィクトリア女王と、スリルを求めるアラビアのロレンスといった、気質のちがいの謎が解明されはじめた。

Ｄ４ＤＲ遺伝子は、ドーパミンに影響を及ぼす。ドーパミンは、興奮のレベルを調節する、身体活動とその動機づけにきわめて重要な神経伝達物質である。メリーランド州ベセズダの国立がん研究所、遺伝子構造・調節主任ディーン・ヘイマーは、Ｄ４ＤＲ遺伝子の研究のため、バンジージャンプ、スカイダイビング、アイスクライミングを好む複数の家族を対象にテストを行った。

彼らは新たな経験を得ることに情熱を傾けており、難解な音楽、異境の地への旅など、あらゆる斬新なものを好んだ。その一方で、同じことの繰り返しや日常業務、退屈な人などには我慢できなかった。また、しばしば衝動的で気まぐれであり、依存症におちいる可能性が高く、人生の早期に燃え尽きる恐れもあった。さらに、早口で、人を説得するタイプであり、報酬を得るためなら進んでリスクを負った。

彼らの長所は、人生を思う存分満喫し、限界を押し広げていくところだ。このような新奇性を追求する者たちは、Ｄ４ＤＲ遺伝子が長く、神経伝達物質ドーパミンに対する感受性があまり高くなかった。したがって彼らは、より高値のドーパミンを生産するために、スリルと恐怖を経験しなければならないのだった。

ヘイマーはさらに、彼が〝新奇性追求度が低い〟と認定した人々を研究し、この人々はＤ４ＤＲ遺伝子が短く、ドーパミンに対する感受性は高いと結論づけた。彼らは、静かな活動でも充分ドーパミンが得られるため、人生にさほどの〝ドキドキ〟を求めないのである。彼らはまた、別の神経伝達物質からちがう種類の快感を得ているのだが、これについてはあとで述べよう。

新奇性追求度の低い人々には、ゆったりペースの生活になんの不満もない内省的なタイプが多い。彼らは、スリルを求めたり、リスクを負ったりすることに、楽しさよりむしろ不安を覚える。きちょうめんで慎重なので、安心できる決まった手順やなじみ深いものを好み、それゆえ、あまりリスクは負わない。突進する前に全体像をつかむのが好きで、長期的プロジェクトに集中するのが得意である。また、気分にむらがなく、よい聞き手であり、信頼が置ける。

『遺伝子があなたをそうさせる』（草思社）でヘイマーが述べているように、「新奇性追求度の高い人も低い人も、快感を得たいという点ではなんら変わらない。だれしも気持ちのいいことは好きなのだ。しかし両者は、何によって快感を覚えるかという点で異なっている。スコアの高い人の脳は、快感を得るために興奮を必要とする。それと同レベルの刺激によって、スコアの低い人は不安になる。先の読める安定した状況は、スコアの高い人には退屈だが、低い人には心地よいのである」

この〝新奇性追求度の低い人／高い人〟は、内向型／外向型によく似てはいないだろうか？この用語を使ってはいないものの、研究者らはもう一歩で気質の連続体の両極を特徴づけるところまで来たのだと思う。ドーパミンは、内向型と外向型がそれぞれ脳のどの経路を用いるか、また、その経路が彼らの気質と行動にどんな影響を及ぼすかに大きく関与しているようだ。

外向型と内向型では神経伝達物質の通り道が異なっていた！

脳の研究は、脳内にそれぞれの神経伝達物質専用の異なる経路があることを明らかにした。また、数々の研究が、内向型／外向型という人格特性にかかわる脳の経路を突き止めてきた。しかし、実際に脳内を流れる血液の量とその場所を視覚的にとらえられるようになるまでは、それはまだ根拠ある憶測の域を出なかった。

デブラ・ジョンソン博士は、内向型／外向型の脳の働きに関する過去の実験を陽電子放射断層撮影法（ＰＥＴ）を用いて再現する初の試みについて、アメリカ精神医学ジャーナルで報告している。ジョンソン博士は、アンケートの結果から内向型と外向型にグループ分けされた人々に、横になってリラックスするよう求めた。彼らは少量の放射能を血液中に注入され、脳のもっとも活性化している部分を特定するためにスキャンにかけられた。画像上には、赤や青などさまざまな明るい色により、脳のどこにどれだけの血液が流れているかが示された。

博士は、もっと原始的な実験がすでに示唆《しさ》していたふたつの所見を得た。第一に、内向型の人の脳へ流れる血液量は、外向型の人より多かった。血流量が多いということは、より多くの内的刺激を得ているということだ。ちょうど指を切ったときのように、体のある部分への血流量が増せば、その部分は必ず、通常より敏感になるのである。第二に、内向型の人と外向型の人の血液は、それぞれちがった経路をたどっていた。ジョンソン博士は、内向型の人の経路は、より複雑で、内部に集中していることを知った。内向型の人の血液は、記憶する、問題を解決する、計画を立てる、といった内的経験にかかわる脳の各部へと流れていた。この経路は長く複雑だ。内向型の人は、内部の思考や感情に精力を注いでいたのである。

ジョンソン博士は、外向型の人の作用の速い経路を突き止め、彼らの行動やその動機づけに影響を及ぼす情報がどう処理されているかを明らかにした。外向型の人の血液は、視覚、聴覚、触覚、味覚（嗅覚はのぞく）が処理される脳の各部へ流れていた。彼らの主要な経路は短く、さほど複雑ではなかった。外向型の人は、自分の外、つまり研究室で起こっていることに注意を向けていた。彼らは感覚情報に浸っていたのだ。

この研究は、内向型／外向型という気質の謎を解く鍵となるコンセプトを裏付けた。ジョンソン博士は、内向型と外向型の行動のちがいは、脳の異なる経路を使うことに起因すると結論づけた。その経路が、わたしたちがどこに注意を向けるか——内部か、外部か、を左右するのである。

外向型のダナは、歓声どよめくフットボールの試合に胸をおどらせ、目と耳を存分に楽しませる。興奮し、ハーフタイムには、その短期記憶を使ってあらゆるプレイを取りあげながら、相棒のネイサンと試合についておしゃべりする。スタジアムをあとにするとき、彼女は元気づき〝ハイ〟になっている。

内向型のピーターは、大好きなモネの絵を鑑賞しようと美術館へ出かける。美術館へ入ると、特に混んでいなくても心理的に圧倒され、自分では気づかないまま、ただちに焦点をしぼりこむ。彼はまっすぐにモネの絵のある部屋へ向かう。そして、長期記憶をさぐり、前回同じ絵を見たときと現在の気持ちとを比較しながら、モネの絵とそれに対する自分の感想について考える。彼は、将来ふたたびここへ来ることを想像し、穏やかな胸のうずきとときめきとをこの経験に結びつける。また、その絵の淡い色調について、頭のなかで自分自身と話し合う。彼は気持ちよく美術館をあとにする。

内向型と外向型がそれぞれ作動させる脳の正確な経路を知ることにより、わたしたちがなぜ一定の行動をとるのか、その理由の一部は解明された。しかし、もっとも重要な鍵は、この先にある。

気質がちがえば、脳が快感を得る方法もちがう

内向型と外向型の血液が別個の経路をたどるというだけでなく、それぞれの経路は異なる神経伝達物質を必要とする。前にも触れたとおり、ディーン・ヘイマーは、〝新奇性追求者〟は、その遺伝子ゆえにドーパミン需要が大きく、そのため、スリルを追い求めずにはいられないことを発見した。わたしは、彼らは極端な外向型に非常によく似ているようだと述べた。そして、外向型の使う経路は、ドーパミンによって活性化されることがわかっている。

ドーパミンは、運動、注意力、覚醒、学習にもっとも密接にかかわる強力な神経伝達物質である。『脳と心の地形図』（原書房）の著者、リタ・カーターはこう述べている。「過剰なドーパミンは、幻覚や妄想を引き起こすようだ。一方、ドーパミンの不足は、震え、随意運動の始動不能を引き起こすことが知られており、虚無感、無気力、憂鬱に関係している。ドーパミンの減少はまた、注意力と集中力の欠如、渇望感や引きこもりにつながる」適量のドーパミンを維持することは、体にとってきわめて重要なのだ。

ドーパミンにはもうひとつ大きな役割がある。『心の状態』の著者、スティーヴン・ハイマンはこう述べている。「ドーパミン巡回の役割を特徴づけているのは、その報酬システムである。それは、事実上こう言っているのだ――いまのはいいぞ。これをまたやろう。どんなふうにやったか、正確に覚えておこう」コカインやアンフェタミンに強い常習性があるのは、このためだ。これらの薬物は、ドーパミンを増やすのである。

外向型の人はドーパミン感受性が低く、大量にそれを求める。では、どうすればよいのか？脳にはドーパミンを放出する部分がいくつかある。しかし外向型の人は、ドーパミンの助手、アドレナリンにたよっている。アドレナリンは、交感神経系が働くことで放出され、脳内にさらにドーパミンをつくり出す。したがって外向型の人の場合、活動的になればなるほど、ドーパミンは増え、〝快感のヒット〟が放たれる。そのため、外向型の人は、どこかに行ったり、人に会ったりするとき、気持ちがよくなる。

これに対して、内向型の人はドーパミン感受性が高い。ドーパミンが過剰になると、彼らは刺激が多すぎると感じる。内向型の人の脳の主要な経路には、まったく別の神経伝達物質、アセチルコリンが使われている。スティーヴン・コスリンとオリバー・ケニーグは、『ウェットな精神』のなかで、脳内のアセチルコリンの経路を特定した。そしてそれは、ジョンソン博士が述べた内向型の人の使う脳の経路と同じなのである。

アセチルコリンは、脳と体の数々の生命維持機能にかかわる、もうひとつの重要な神経伝達物質だ。それは、注意力と学習力（ことに知覚学習）に働きかけ、穏やかな覚醒状態を維持する能力や長期記憶を利用する能力に影響を及ぼし、不随意運動を作動させる。また、何か考えたり感じたりしている際に、快感を引き起こす。今日《こんにち》のアセチルコリン研究の多くは、内向型の脳と体に関するわたしたちの見解を裏付けている。

アセチルコリンは真っ先に見つかった神経伝達物質だが、他の神経伝達物質が発見されると研究はそちらに集中した。しかし最近になって、アセチルコリンの欠乏とアルツハイマー病との関係が明らかとなり、この発見によって、アセチルコリンと記憶蓄積や夢を見るプロセスとの関係についての研究がさかんになった。

アセチルコリンは、わたしたちの睡眠と夢に大きな役割を果たしているようだ。わたしたちはレム睡眠のときに夢を見る。アセチルコリンは、レム睡眠のスイッチを入れて夢を引き起こし、つづいて、体を麻痺させて（つまり、随意運動を停止させて）、夢で見ていることが〝行動化〟されないようにする。研究者らは、眠りが必要なのは、レム睡眠の間に記憶が記号化され、短期記憶から長期記憶へ送りこまれるためであることを証明しつつある。『脳の内部』の著者、ロナルド・コチュラクが述べているように、「アセチルコリンは記憶装置を働かせる潤滑油であり、それが枯渇するとこの装置は機能停止におちいる」のである。

もうひとつ、おもしろいのは、エストロゲンがアセチルコリンの減少を防ぐという話だ。これは、エストロゲン値が下がる閉経期に、女性が記憶障害を起こす理由のひとつである。というわけで、内向型の人は、穏やかな気分を保ち、なおかつ、憂鬱や不安を感じないために、多すぎも少なすぎもしない適量のドーパミンと適量のアセチルコリンを必要とする。この快適ゾーンはかなり狭い。

内向型と外向型がそれぞれどの神経伝達物質を使っているかを知ることは、きわめて重要である。なぜなら、脳内で神経伝達物質が放出されると、それは同時に自律神経系を作動させるからだ。自律神経系は、精神と体を結びつける系であり、わたしたちがどう外界に反応し、どう行動するかを左右する。どの神経伝達物質がどの経路を流れているか、それらが自律神経中枢の各部とどう結びついているか、このふたつのつながりが気質の謎を解き明かす鍵だとわたしは思う。外向型の人が、ドーパミン／アドレナリン、エネルギー消費、交感神経系と関係が深いのに対し、内向型の人はアセチルコリン、エネルギー保存、副交感神経系と結びついているのである。

行動か鎮静か——交感神経と副交感神経のしくみ

視床下部は、脳の底部に位置し、サイズは豆粒大で、体温、情動、空腹、喉の渇き、そして、自律神経系（autonomic nervous system）を調節する。この名は、「自治」を意味するギリシャ語、autonomicに由来する。自律神経系は、ふたつの枝に分かれる。すなわち、交感神経と副交感神経である。ちょうど自動車のアクセルとブレーキのように、これらは互いに逆の働きをする。両者は、心拍数、呼吸、血管の収縮などの不随意的な無意識の機能をコントロールし、体液の恒常性の維持にもっとも直接的にかかわっている。またフィードバック機能を持っていて、自らの放出する神経伝達物質を介して脳へ指令を送り、エネルギー・レベル、気分、健康状態を調整する。

行動を起こす必要が生じると、交感神経系――よく〝闘争／逃亡〟システムと呼ばれる――が始動する。わたしはこれを〝フルスロットル・システム〟と呼ぶ。このシステムは、脳内の興奮性神経伝達物質ドーパミンによって活性化する。内にこもる必要が生じると、副交感神経系――わたしはこれを〝スロットルダウン・システム〟と呼ぶ――が体をリラックスさせ、心を鎮める。このシステムは、脳内の抑制性神経伝達物質アセチルコリンによって活性化する。

要となるこれらふたつの系、フルスロットル・システム（交感神経系）とスロットルダウン・システム（副交感神経系）こそ、外向型／内向型という気質の基礎だとわたしは信じている。『情動の調節と自己の起源』の著者、アラン・ショア博士は、人はそれぞれ、これらふたつの系の間のどこかに拠点を持つと述べている。その拠点が、各人にとって、最大のエネルギーが得られる、もっとも心地よい場所なのだ。生涯を通じて、わたしたちは自分の拠点の周辺で揺れている。直接お話ししたとき、ショア博士は「気質こそ鍵だ」と言っていた。自分の拠点がわかれば、わたしたちはエネルギー・レベルを調節し、目的を達成することができる。

内向型の長いアセチルコリン経路

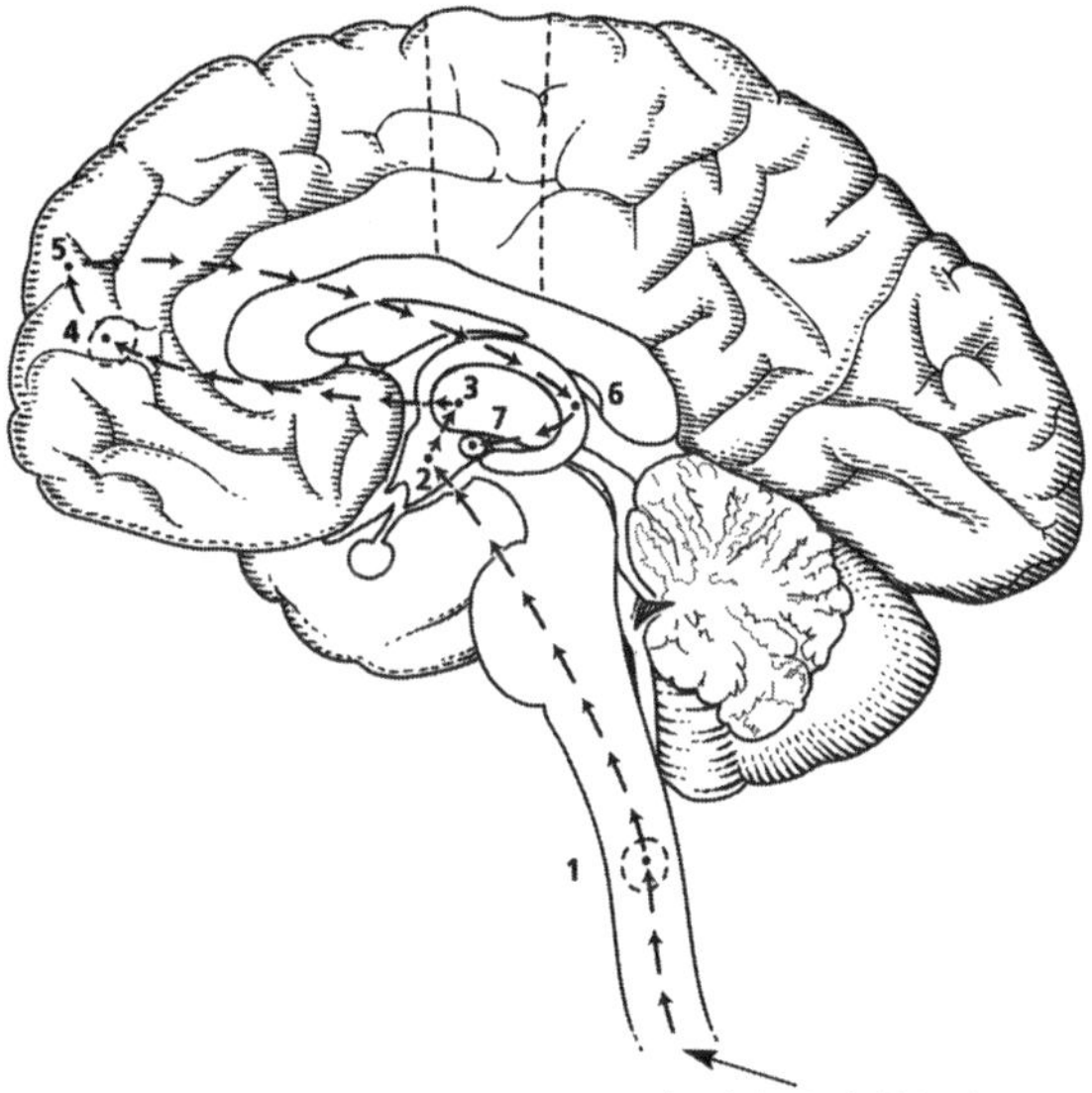

1　**網様体賦活系**……意識レベルが調節される場所。
ここから刺激が入る。内向型人間においては、刺激を弱める
2　**視床下部**……喉の渇き、体温、食欲を調節する。内向型人間においては、スロットルダウン・システムのスイッチを入れる。
3　**視床前部**……中継ステーション。
刺激を前頭葉へ伝え、内向型人間においては、刺激を弱める。
4　**ブローカ野**……言語野。心の中での独り言がここで活性化される。
5　**前頭葉**……思考、計画、学習、理論づけが行われる。
6　**海馬**……環境への適応をうながし、長期記憶を中継する。
7　**扁桃体**……感情中枢。内向型人間のなかで、感情を思考へと結びつける。

わたしの結論の裏付けとしては、デイヴィッド・レスターとダイアン・ベリーという研究者が、アンケートに基づいて内向型と外向型をより分け、血圧の高低、身体活動レベル、口の乾き、空腹感の頻度などの生理反応を調べている。彼らは雑誌「知覚と運動のスキル」で、内向型の人においては自律神経系の副交感神経系が優位であると報告した。

フルスロットル・システム――エネルギーを増量する

たとえば、夜道を歩いているとき、ふいに大きなコヨーテが現れ、頭を低くし、夜食にどうかと値踏みしながら、あなたのまわりをぐるぐる歩きだしたとしよう。あなたの体は、フルスロットル・システムを始動させる。瞳孔はより多くの光を取りこむべく拡張し、心臓の鼓動は速くなり、各器官や筋肉にもっと酸素を送りこめるよう血圧は上昇する。傷を負った場合の出血を減らすため血管は収縮し、脳は超警戒態勢を維持すべくシグナルを発する。より多くのエネルギーを供給するため血糖値と遊離脂肪酸値は上昇する。消化、唾液分泌、排泄の行程の速度は落ちる。

こうした〝闘争/逃亡〟システムは、現実か架空かを問わず、非常時に作動する。それは、積極的な外部への対抗システムだ。それによってわたしたちは、いざというとき闘うか逃げるかを瞬時に決断できる状態になる。思考は抑制され、精神は行動にのみ集中する。この場合なら、腕を振り回して大声でコヨーテを脅すか、最後の手段として逃げるかするために、このシステムが必要となる。

外向型の短いドーパミン経路

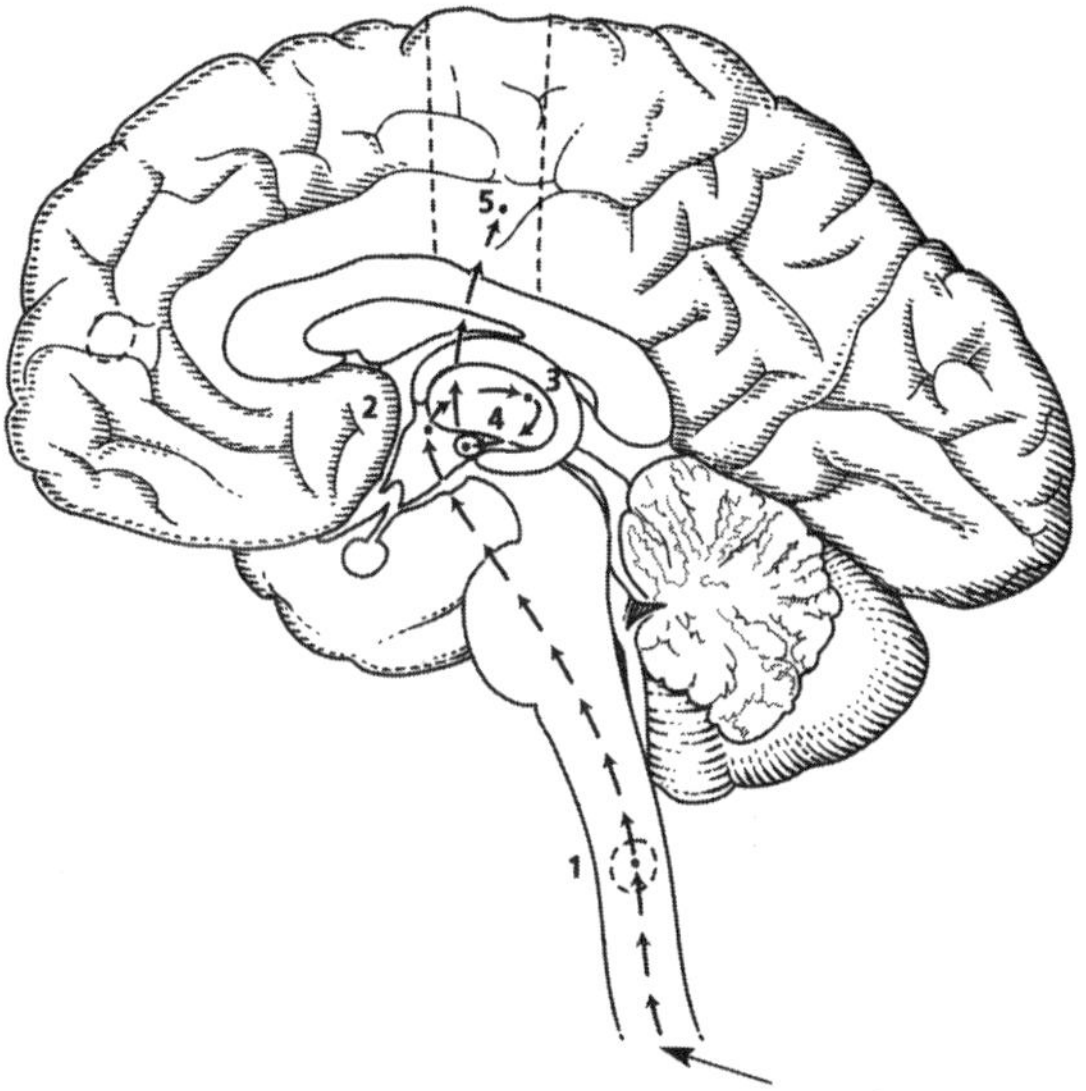

1　**網様体賦活系**……意識レベルが調節される場所。
ここから刺激が入る。外向型人間においては、刺激を強める。

2　**視床下部**……喉の渇き、体温、食欲を調節する。
外向型人間においては、フルスロットル・システムのスイッチを入れる。

3　**視床後部**……中継ステーション。強まった刺激を扁桃体へ伝える。

4　**扁桃体**……感情中枢。
外向型人間のなかで、感情を運動野の司る行動へと結びつける。

5　**側頭野と運動野**……動きが短期記憶へとつながる。
また、感覚や感情への刺激を学習し、処理する中枢でもある。

人間の体は、二歳近くになるまで、主にこのシステムで動いている。それは、わたしたちにエネルギーと、世界を探究する意欲を与えてくれる。これが、発達心理学者の言うところの〝練習期〟だ。大人になると、交感神経系はわたしたちを新しいものへと向かわせる。食べ物、新境地、仲間づきあい――どれも生きていくのに必要なものばかりだ。活動中や、好奇心を抱いたとき、または、思い切ったことをするとき、わたしたちはこのシステムを働かせている。たとえば、野球場で好きなチームに声援を送っているときも、このシステムが〝快感のヒット〟を脳に送り、エネルギーを生み出す。それはまた、エネルギー源として、グリコーゲンと酸素をも発生させる。

これまで見てきたように、外向型の人は活動によって元気づく。しかし、フルスロットル・システムは消費指向であり、体を回復させはしない。したがって、スロットルダウン・システムの使いかたを学ばないと、外向型の人は燃え尽きて、健康を損なう恐れがある。彼らは、睡眠障害、消化障害、心臓病、免疫系の疾患を発症しかねない。スロットルダウン・システムは、外向型の人にはエネルギーも〝快感のヒット〟も与えない。それらを与えるのは、フルスロットル・システムなのだ。しかし、思考、感情、身体感覚、体からのメッセージに留意することで、スロットルダウン・システムの使いかたを学び、内的な能力を伸ばせば、外向型の人は、持って生まれた外向性の強みをバランスよく維持することができる。

スロットルダウン・システム――エネルギーを節約する

山のぼりの途中、あなたは岩にもたれかかって、なだれ落ちる滝をじっと見つめている。と、突然、ガラガラという音が耳を打つ。それはすぐそばから聞こえてくる。ゆっくり頭をめぐらせると、そこにはとぐろを巻いたガラガラヘビがいて、尻尾の先を震わせながら、きらきら光る小さな目でまっすぐあなたを見つめている。あなたの体は恐怖に凍りつき、すべてがスローモーションで動く。脳のなかで、電球がパッと灯る。さあ、どうする？

これは、エネルギーの節約と保存を担うシステム、副交感神経系の反応だ。この系は、力を蓄え、内へこもるよう、体にシグナルを送る。光の取りこみを制限すべく瞳孔は収縮し、酸素消費量を減らすため心拍数と血圧は低下する。筋肉は弛緩し、消化、分泌、排泄は促進される。そのため、この系は〝休息・消化〟システムと呼ばれることがある。外界に対する注意力は低下し、内部での注意力は高まり、考え、熟慮することが可能になる。あなたは、岩と危険なヘビからじりじり離れていくことにする。

この系は、子供が十八カ月から二歳になると、より活発になる。わたしたちは落ち着いて、トイレット・トレーニングや言語学習に集中できるようになるのだ。ハンモックに横たわって雲を見つめているときや、ただくつろいでいるとき、あなたが作動させているのは、この系である。体はエネルギーを消費するのではなく蓄えている。のんびり物思いにふけっているとき、内向型の人の〝快感のヒット〟は放たれる。この系は力を回復させ、いざというときフルスロットル・システムを使えるようにする。外向型の人の場合とちがって、フルスロットル・システムは、内向型の人にはエネルギーも〝快感のヒット〟も与えない。内向型の生理を備えた人々は、通常、それだけのドーパミンとアドレナリンが出れば、刺激が多すぎると感じる。ときには、それが楽しい場合もあるが。

スロットルダウン状態に長く留まりすぎた内向型の人は、ときとして、鬱になり、やる気が失せ、めざす目標を達成できない欲求不満を感じるようになる。彼らは、立ちあがって外に出ていくために、自らのフルスロットル・システムを働かせなくてはならない。それには、不安感と過剰な刺激のコントロール法を学ぶ必要があるのだが、このことはもっとあとで論じよう。

緊急時にどちらのシステムが作動するか?

当然のことながら、わたしたちにはその時々で交感神経と副交感神経を使い分ける能力が必要である。しかしストレス下では、各人の優位な系が始動してしまう。たとえば、数年前、夫のマイクとわたしは車の事故に巻きこまれた。夜、狭い二車線のハイウェイを走っていたところ、突如、何か大きなものがフロントガラスめがけて飛んできたのだ。マイクはとっさにハンドルを切って横へそれた。幸い、対向車線を走っている車はなかった。巨大な空飛ぶ物体は、わたしたちには当たらず、後続のステーションワゴンにぶつかった。

マイクは車を路肩に寄せて停めた。わたしは動けなかった。体はまるで麻痺状態で、呼吸は遅くなっていた。わたしは、マイクに車を降りてほしくなかった。頭には、対向車にはねられる彼の姿が浮かんでいた。マイクのほうは、心臓を激しく鼓動させ、ただひたすら行動することしか

フルスロットル／スロットルダウン・システム

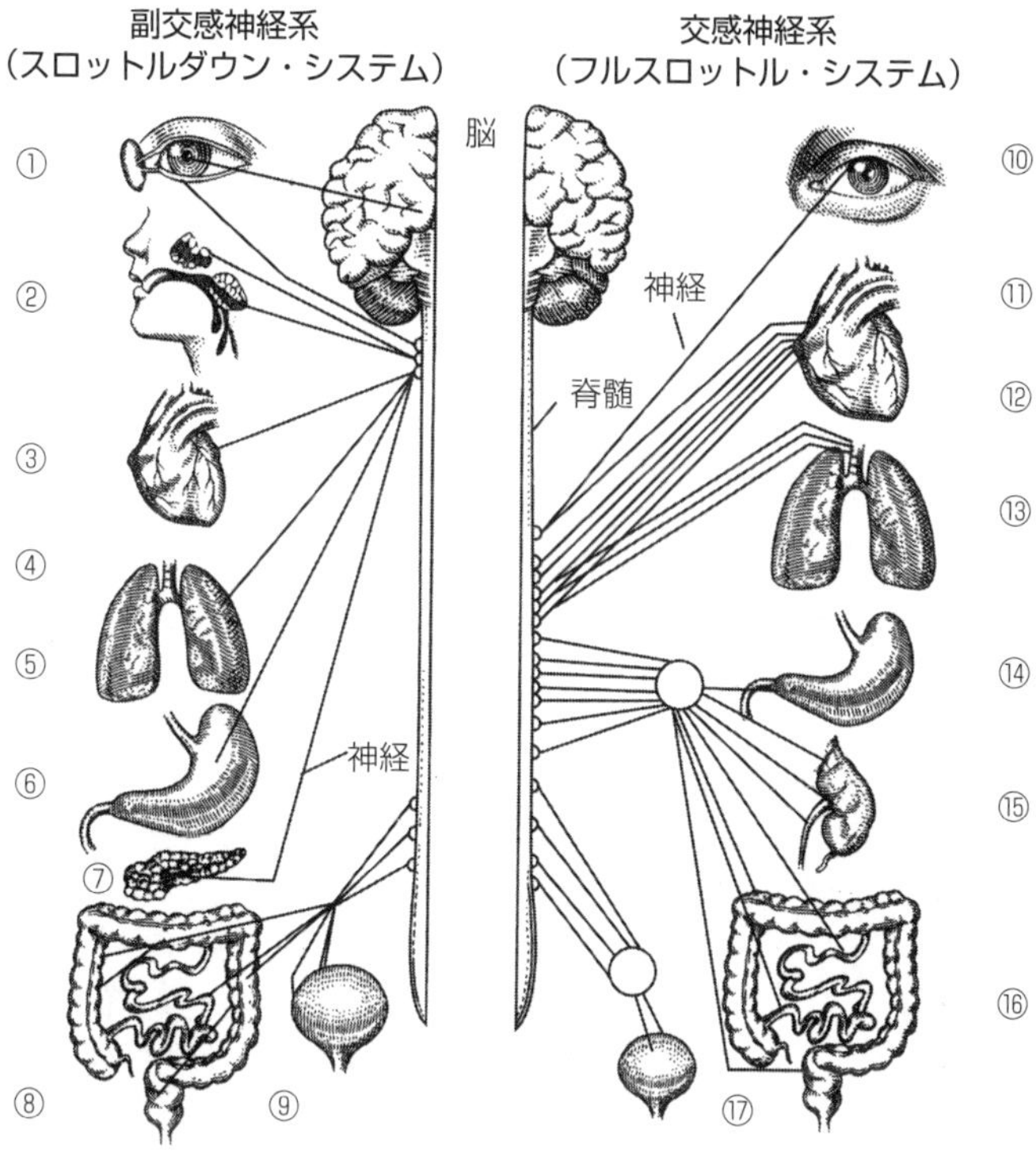

①瞳孔の収縮
②唾液産生の増加
③心拍数低下
④血圧・脈拍数の低下
⑤肺の酸素摂取量減少
⑥胃の収縮、括約筋の弛緩
⑦膵臓の酵素分泌
⑧大腸の弛緩
⑨膀胱の収縮、括約筋の弛緩

⑩瞳孔の拡張
⑪心拍数上昇
⑫血圧・脈拍数の上昇
⑬肺の酸素摂取量増加
⑭胃の収縮速度低下
⑮腎上体による産生増加
（アドレナリン放出）
⑯腸管の収縮速度低下
⑰膀胱の弛緩、括約筋の収縮

考えていなかった。彼は怪我人がいないかどうか確かめるため、ドアを開けて飛び出していった。

わたしが自らの優位な系を作動させ、スロットルダウン状態（停止して吟味する状態）に入ったのに対し、マイクも彼の優位なシステムを作動させ、一気にフルスロットル状態（飛び出して行動する状態）に突入したのである。

前述の物体は、囲いから逃げ出し、道路にさまよいこんだラバだとわかった。不運なラバは、ピックアップトラックにはねられ、そのフロントガラスにたたきつけられた。それから、わたしたちの車をかすめて（これは、マイクがみごとなフルスロットル反応を見せ、すばやくハンドルを切ったおかげだ）、後続の車の屋根にぶつかったのだった。

車を降りまいとしたわたしのスロットルダウン的躊躇《ちゅうちょ》は、賢明である。あたりは真っ暗なうえ、二車線のハイウェイでは車が絶えなかったのだ。外に出るのは危険だった。わたしは状況を分析したいと思った。これはいい戦略だ。一方、怪我人がいないかどうか確かめようというマイクのフルスロットル反応も、役に立つ。

結局、ひどい怪我をした人はいなかった。みんな運がよかったのだ。かわいそうに、ラバだけは運がなかった。その死体は、何も知らない旅行者がまた轢《ひ》いたりしないよう、数人の男性が道の外に引きずっていった。

要約すると――人はみなバランスを保つためにふたつの系を両方とも必要とするが、わたしたちは遺伝的、環境的にどちらか一方をより多く使うようにできており、ストレス下ではそれがいっそう顕著になる。わたしは、自律神経系のこのふたつの面が内向型／外向型連続体を生み出しているものと見ている。人はみな自律神経系の両面を働かせるが、それぞれの脳と神経伝達物質がその一方を優勢にするのである。

脳から読み解く内向型人間の行動パターン

これまで見てきたように、内向型の脳では外向型の脳より、内的活動や思考がさかんである。内向型の脳は、長く遅いアセチルコリン経路に支配されている。アセチルコリンはまた、スロットルダウン・システム（副交感神経系）を作動させるが、このシステムは体の特定の機能をコントロールし、内向型人間がどう振る舞うかを左右する。

脳が忙しく働いているという点から見て、内向型人間はおそらく――

- 話しているときは、言葉をさがしたり考えたりすることに集中するため、あまり目を合わせない。話を聞くときは、情報を取りこむためによく目を合わせる。
- その知識の豊かさで周囲を驚かせることがある。
- 注目を浴びるとしりごみする。
- ストレス下や集団のなかで、または、疲れが出たときに、どんより、ぼんやり、げんなりした様子を見せることがある。

長い長いアセチルコリン経路に支配されているため、内向型人間は――

●考え事の途中から話しだし、周囲をとまどわせることがある。
●記憶力はいいが、その記憶を取り出すのに時間がかかる。
●よく知っていることを忘れてしまうことがあり、自分の仕事を説明するのにしどろもどろになったり、一時的に使いたい言葉が出てこなかったりする。
●いま頭で考えたばかりのことを、言葉にしたと勘違いすることがある。
●眠ったあとは、アイデア、考え、感情がよりはっきりする。
●書いたり、しゃべったりしないと、自分の考えがはっきりわからないことがある。

副交感神経系が優位なため、内向型人間は――

●なかなかやる気が起きない、あるいは、動きださない。怠惰に見えることがある。
●ストレス下での反応が遅い。
●態度が穏やか、または、ひかえめである。歩いたり話したり食べたりするのが遅い。
●タンパク質の摂取と体温を調整する必要がある。

●エネルギーを回復するために休憩をとらねばならない。

脳から読み解く外向型人間の行動パターン

外向型の脳は、内向型の脳ほど内的活動を行わない。その代わり、刺激を収集し、短く速いドーパミン経路に燃料を補給するために、外界をスキャンしている。脳からの信号はフルスロットル・システム（交感神経系）へと送られるが、このシステムは体の特定の機能をコントロールし、外向型人間がどう振る舞うかを左右する。

脳が絶えず新しい刺激を求めているという点から見て、外向型人間はおそらく――

●外に刺激を求める。長くひとりでいることを嫌う。
●話しているときは、相手の反応を取りこむためによく目を合わせる。話を聞くときは、周囲で何が起きているかに注意するため、あまり目を合わせない。
●話すのが好きである。また話術に長《た》けている。注目や脚光を浴びると元気が出る。

短いドーパミン経路に支配されているため、外向型人間は――

●あと先考えずにしゃべる。聞くよりもよく話す。
●短期記憶に優れ、すばやく考えられる。
●時間制限のあるテストや緊張下でのテストに強い。
●議論、新奇なもの、さまざまな経験によって活気づく。
●すらすらとよどみなく世間話ができる。

交感神経系が優位なため、外向型人間は——

●ストレス下ですばやく行動する。
●体を動かしたり、運動したりするのが好きである。
●エネルギー・レベルが高く、頻繁に食べる必要がない。
●することがないと落ち着かない。
●人生半ばで衰えたり、燃え尽きたりする恐れがある。

右脳・左脳と気質の関係

自然はふたつの頭脳を娶《めあ》わせて脳をつくった。脳は半分ずつ、右と左の大脳半球に分かれている。なぜかこのふたつの半球は、別個の脳であるかのように機能する。ところがそれと同時に、ひとつのユニットとしても働くのだ。この一対の半球は、束になった神経線維の橋（脳梁）で結ばれている。それによって両サイド間の絶え間ない情報交換が可能になっているのだが、それぞれの半球には、独自の専門的機能と作用があるようだ。研究により両半球を同等に使う人がいることもわかっているが、自律神経系の場合と同様、ほとんどの人はどちらか一方の半球に、より高い頻度でたよっている。そして同じ内向型人間でも、〝右脳型〟と〝左脳型〟では、ちがった才能、行動、限界を示すのである。

人生のはじめの二年間、人は主としてシンボル指向の右脳を使う。だから赤ん坊は、生後九～十カ月で、手まね言語を覚えられるのだ。彼らの右脳型の頭脳は、シンボルと意味を結びつけられる。たとえば手を振るのは「バイバイ」というように。左脳型の頭脳は、言葉を話しはじめる生後十八カ月から二歳ごろに活発になる。思い出してほしいのは、ちょうどこのころスロットルダウン・システムも機能しはじめるということだ。〝練習期〟は終わりに向かい、わたしたちは考えたり話したりできるようになるのである。

右脳型人間——たとえ話で説明する感覚派

成熟した脳半球はそれぞれ、独自の強みと弱点、情報処理方法、特有の能力を持つ。右脳型の才能は、内発的かつ創造的な無限の贈り物を世の中にもたらす。右脳はときとして、無意識の頭脳と呼ばれる。それは言語能力に乏しく、思考のプロセスを言葉にできない。その考えはむしろ、急速に、複雑に、抽象的に形成される。右脳型の人は、複数の仕事を同時にこなせる。彼らは感情豊かで、ひょうきんだったり茶目っ気があったりする。

右脳の機能は、説明がむずかしい。というのもそれは、そもそも言葉にならず、抽象的、全体論的、同時多発的で、とりとめのないものだからだ。たとえて言うなら、絶えず変化する色とりどりの万華鏡だ。そのなかでは、色の断片が混ざり合い、さまざまな模様をつくりあげる。右脳型の精神は、リズム、ボディランゲージ、行動、よどみないダンス、さまざまな芸術様式で表現される。それは、リズム、白昼夢、イメージ、色、顔の再認、模様の考案といった人間生活の創造的側面に携わっている。

もしあなたが右脳型なら、こんな傾向があるだろう。

- ●問題解決にあたって、茶目っ気を発揮する。
- ●物事への反応に感情を交える。
- ●ボディランゲージを難なく理解できる。
- ●大いにユーモアのセンスがある。
- ●主観的に情報を処理する。
- ●即興的である。
- ●説明に隠喩やたとえを用いる。

●一度に複数の問題にあたる。
●会話のなかで手振りを多用する。
●パターンを認識し、絵によって考える。
●問題の答えを大まかに、広がりのあるものとしてとらえる。
●自分の知識の深さを認識していない。

左脳型人間——具体例で説明する理論派

人間が種としての繁栄を遂げられたのは、左脳の力によるところが大きい。左脳は、複雑な計画を実行する助けとなる。もしあなたが左脳優位者なら、右脳型の人とはまったくちがうかたちで情報を処理するだろう。

左脳型の人は、物事を一度にひとつずつ処理していく。一連の課題がある場合は、ひとつ終えてからつぎにとりかかるという方式を好む。彼らはよくリストをつくる。また、短期記憶、反復学習、話す技能に依存している。

左脳型が多いように思えるのは女性より男性かもしれない。左脳型の人は、きちょうめんで規律正しく時間に正確である。彼らは言語化された情報を重く見る。また、データを分析するように具体的に考える傾向があり、情報は論理的に区分けして整理する。決断を下す際は、あまり感情に左右されない。ユーモアのセンスがあるとしたら、それはウィットに富んだ皮肉っぽい部類に属するものだろう。また彼らは、ひかえめで冷静な超然とした人に見えるかもしれない。
左脳優位の内向型人間は、世間の人の抱く内向型のイメージにより近い。彼らは人とのつきあいをほとんど必要とせず、その興味はしばしば仕事や趣味に集中する。また、不安から自分をまもるために、否認や強迫的考えに依存する場合がある。

もしあなたが左脳型なら、こんな傾向があるだろう。

●行動を起こす前に、プラス面、マイナス面を検討する。
●きれい好きで、きちょうめんである。
●感情ではなく事実に基づいて決断を下す。
●説明するとき、具体例を挙げる。
●正しいかまちがっているか、善か悪かをよりどころに考える。
●経験を客観的に処理する。
●時間の観念が強い。
●一度に一歩ずつ進む。
●社会的シグナルになかなか気づかない。
●分類するのが好きである。
●言葉や数字に強い。

●正確な答えを追求する。

内向型にも右脳タイプと左脳タイプがいる

内向型の人みんなが、同じように考えるわけではない。同じ内向型人間でも、右脳型は左脳型とは、かなりちがう方式で情報を処理し、言語を使い、直観を働かせる。もしあなたがこの本を読んでいて、わたしの言っていることが自分にはあてはまらないと思ったとしたら、その内容は脳のどちらが優位かに左右される問題なのかもしれない。たとえば左脳型の内向型人間は、人前で話すことが右脳型ほど苦にならないだろう。したがって、内向型人間はときどき言葉が出てこなくなると言われても、あなたはまったく共感を覚えないかもしれない。前の二項を読みながら、自分が右脳型か左脳型かを考えてみよう。

自分のタイプを見きわめて強みを活かす

内向型の人にとって、自分の脳のどちらが優位かを知ることは、自己をよりよく理解するために重要である。わたしは、左脳優位の内向型の人のほうが、内向型として生きやすいのではないかと思う。彼らは人とのつきあいをあまり必要としないので、ひとりで過ごすことにさほど葛藤《かっとう》がないだろう。また、しばしば、右脳優位の内向型より弁が立ち、論理的なので、学校、職場、会合などでも成功を収めやすい。エンジニア、会計士、コンピューター・マニアの多くは、この人物像にあてはまる。これらの人々はさほど感情豊かでなく、どちらかと言えば視野が狭いので、自分のことが気にならないだろうし、人とちがっているのに気づきさえしないかもしれない。

右脳優位の内向型の人は数々の才能を持つが、それらの多くは伝統的職能には変換しがたい。彼らは創造性に富み、他の人からはエキセントリックに、または、興味深く見えるだろう。第2章の内向型の有名人のリストに俳優が何人載っているか見てほしい。おそらくそのほとんどは、右脳型だろう。右脳優位の内向型人間は、感情豊かで視野が広い。そのため、人とちがっていることにきわめて敏感である。

教育制度は、左脳優位者向けにつくられていて、論理性、言語能力、分析的探究、機敏な反応（時間制限のあるテストでの高得点）、覚えの早さを要求する。右脳優位の子供たちは、しばしば不利な立場に置かれ、正当に評価されない。ダニエル・ゴールマンの著書『EQ——こころの知能指数』（講談社）があれほどの人気を博したのは、彼が右脳優位の人々の長所を高く評価したからである。右脳優位の人々は、誤解されていると感じ、落ちこむことが多いのだ。

右脳と左脳のどちらが優位かは、学習のしかたに影響を与える。もしあなたが右脳寄りなら、新しい事柄を学ぶのに最適の方法は、全体像をイメージすることだ。頭のなかで絵として描くことができれば、そのコンセプトはより理解しやすくなるだろう。したがって図や実例はもっとも効果的だ。理論や説明は右脳優位の人の頭には入りにくい。彼らの学習力は、習いながら実行したり質問したりすることでアップする。右脳優位の人々は、解説や叙述的考えより、隠喩やたとえによく反応するのである。

左脳優位の人は、新しい情報を順序よく取りこむ。彼らは、反復学習によって、または、原理や要点や理論を理解することで、物事を学ぶ。したがって新しい技術を用いる際は、まずその理屈を理解しなければならない。彼らは文字言語や権威ある情報源の言葉を重く見る。だれかの言ったことを信じるには、その情報を裏付けるデータを必要とするだろう。

自らの脳の働きを理解することによって、あなたは罪悪感と羞恥心を和らげることができる。自身に最適の環境をつくり出すこともできるし、内向型特有の長所に対する自己評価をより高めることもできるだろう。

第Ⅱ部

外向型の海を泳ぐ法

内向型人間の上手な暮らしかたガイド

第4章　パートナーとの関係――身近な人ほど誤解しやすい

もっとも古くから人間が求めているもののひとつは、あなたが夜、家に帰らなかったとき、どこにいるのか案じてくれる人である

――マーガレット・ミード

人間関係はダンスに似ている。ワンツースリー、ワンツースリー。おっと――「足、踏んでる」パートナーが言う。それからしばらくは、スイスイとすべるようにおどる。ここで彼が上体を沈め、ドシン！　あなたを落っことす。彼はくるくる回って離れていき、またもどってきてあなたの手を取る。カップルのおどりはこんな具合だ。一方がディスコダンスを、もう一方がチャチャチャをおどっているときが必ずある。

どんな人間関係も簡単にはいかない。過ちのふたつや三つはつきものだし、足を踏むくらいはしょっちゅうだろう。内向型同士だろうが、内向型と外向型のコンビだろうが、ややこしい足さばきを覚える必要はある。自分の気質傾向が人との関係にどう影響しているのか、その点を少し学べば、あなたのダンスの腕は上がり、あまり相手の足を踏まないでスイスイおどれるようになるだろう。また、お互いの気質を理解し合えば、人間関係の主な障害物である非難、批判、防衛心、隠し立ては減少するだろう。

異なる性格タイプが衝突するとき

本質的に人間はみな、社会的動物であり、独立を求めながら、同時にデュオを組むことにも憧れている。カップルたちはみな、満足できる関係を求める。ただ、人によって〝満足〟の意味がちがうだけだ。本章の話は、自分にとって何が満足なのかをはっきり知る手がかりとなるかもしれない。

人間関係はむずかしいものだ。非常にうまの合うカップルでも、つまずくことはある。気質のちがいが、つまずきの可能性を高めることはたしかだ。誤解はさまざまな理由によって生じる。大事なのは、ちがいというのが致命的なものでないことに気づくことだ。人間関係において、ちがいは特定の行動や態度となって表れる。一方は動きが遅く、他方は速い。妻は朝寝が好きだが、夫は早起きして、活動したがる。夫は人づきあいが苦手だが、妻は一族郎党を家に招こうとする。こうしたちがいは、よくも悪くもない。あなたがそれをどう解釈するかなのだ。ちがいは、ふたりの関係に興趣を添えるかもしれないし、仲を引き裂くかもしれない。

では、人間関係が繁栄するためにはどうすればよいのだろう？　二十五年にわたり人間関係を研究してきたジョン・ゴットマン博士は、結婚がどれだけ長続きし、カップルがどれだけ満足を得られるかは、ふたりが〝ちがいという摩擦〟にどう対処するかにかかっていると言う。事実、ちがいの表面化を、カップルが絆《きずな》を強めるチャンスと見ることは助けになる。

相手の行動をその人の特性や性格の表れととらえずに、拒絶や攻撃と見なすとき、人間関係は急速に悪化する。「ぼくが話をさえぎられるのが嫌いなのは知ってるだろうに。きみはこっちの意見を聞きたくないんだな」内向型の夫は、外向型の妻にこう言うかもしれない。しかし、ちがいを自分に対する攻撃ととらなければ、ダンスの新しいステップが生み出され、摩擦は解消されるだろう。カップルは、ときに接近し、ときに離れることを学ばねばならない。いつリードし、いつ従うべきか、ふたりの関係という絶えず変化するステップにどう適応するかを。

わたしは、これから三種の組み合わせ——内向型の男性と外向型の女性、内向型の女性と外向型の男性、内向型の男性と内向型の女性——の関係について論じる。どの組み合わせも、独自の利点と難点を持つ。そしてどのタイプも、思いやりをもって話し合うことで関係を改善することができる。

例に挙がっているのはいずれも、異性愛者のカップルだ。同性愛者は、三種のカップルのなかから自分たちの関係にもっとも近いパターンを見つけよう。わたしは多くの同性愛カップルの相談に乗ってきた。それでわかったのは、同性愛者の関係にも異性愛者と同じ利点と難点があるということだ。

内向型の男性と外向型の女性——「彼といっしょにいると、イライラしちゃうの」

文化的環境は、親密な関係のたどる道に大きな影響を及ぼす。たしかに、男性が外向型で女性が内向型である場合も、摩擦はしばしば生じる。しかし、調査の結果によれば、きわめて深刻な対立はその逆の場合――男性が内向型で女性が外向型であるときに生まれるらしい。この組み合わせは、社会的条件付けに逆らっている。多くの場合、内向型の男性は、外向型の女性に圧倒され、脅威を覚え、無視されていると感じる。一方、外向型の女性は、内向型の男性の静かな性格を、弱気で、従属的で、たよりがいがないと思いこむ。また、ふたりは自分たちの関係に淋しさや物足りなさを感じる恐れもある。この組み合わせも問題を解決することはできるが、お互いの持って生まれた気質を変えることはできない。

以前、夫婦仲が悪化したカップル、アンドルーとブルックが、わたしのもとへやって来た。ふたりは数々の問題点を口にした。数分後、わたしは、このふたりは内向型‐外向型カップルであると断定した。夫アンドルーが内向型、妻ブルックが外向型だ。

わたしは、ふたりの関係において、あなたがいちばん不満を感じるのはどんなところか、とアンドルーにたずねた。彼は話しはじめた。「とにかく理解できないいんです。どうして、家でゆっくりくつろいで、のんびりしていられないのか――」「あなたはただ、すべてから逃げたいだけよ」ブルックが口をはさみ、さらに付け加えた。「この弱虫」アンドルーはうつむいて、黙りこんでしまった。「ブルック」わたしは言った。「まずアンドルー側の言い分を聞きたいの。あなたの意見はそのあとで聞かせてもらうから」数分の間、時計の音ばかりがチクタク鳴り響いていた。それからようやくアンドルーが口を開いた。「とにかくぼくは、もっとゆっくりしたいんです。ばたばたするのはいやなんですよ」彼は、ブルックのほうは見ずに、低い声でそう言った。

「ブルック」わたしは言った。「あなたにとってゆっくりするのがなぜむずかしいか、説明してくれない？」「そんなのまるで棺桶のなかで眠ってるみたいじゃない」彼女はアンドルーをにらみつけた。「こっちは、竜巻のなかで暮らしてる気分だよ」アンドルーはやり返した。

この争いの根底にある真の問題は、アンドルーとブルックがどちらも自分には欠陥があると感じていることだ。アンドルーはひそかに、自分はもっとペースをあげるべきだと思っている。一方ブルックは、ひと休みすることを恐れている。自らの気質に対する彼らの羞恥心は、引きこもりと非難とに表れている。ふたりは、あるがままの自分では人に愛されないと思っているのだ。

このパターンが、夫婦関係に深刻な問題をもたらすことはおわかりだろう。では、このようなカップルが、お互いの足を踏みつけないように、でこぼこをならすにはどうすればよいのだろうか？　それには、多少の高度な足さばきとたくさんの誠意とが求められる。

相手に何を期待しているのかを話し合おう

アンドルーとブルックには、自分の味わってきた失望について、また、ふたりの関係に自分が抱いていた期待や希望について、正直に話し合う必要がある。正直な気持ちを語り合うのは、つらいことかもしれない。アンドルーは自分の不安や恐れにきまり悪さを覚えるだろう。ブルックは、伝統的な男らしさのないアンドルーに嫌気がさしていることにうしろめたさを抱くだろう。しかしお互いに心を開き、文化に根ざした自らの女性観・男性観について話し合わないかぎり、自分たちの関係における各自の役割を決め、その維持に必要な手続きを踏むことはできない。対等な関係では、カップルの双方がお互いの要求に応え、それを満たそうとする。双方が認められ、大事にされていると感じるものだ。以下の提案は、出発点である。それぞれの状況に応じて、応用してほしい。

まずは、ふたりの関係をテーマとする（中断のない）話し合いのスケジュールを組むことだ。開始時間と終了時間を相談して決めよう。たとえば、次週から四週にわたり水曜の夜八時、といった具合だ。ちゃんとやれたら、好きなデザートをいっしょに食べたり、映画を見にいったりして、自分たちにご褒美をあげよう。時間が来たら必ず終了すること。約束を守るのは、意外にむずかしいかもしれない。もし問題が起きたら、その原因を話し合おう。ときには、自分の気持ちや考えを話すのが怖いこともあるだろう。そんなときは、それを認めたうえで、もう一度、最初からやり直してみよう。

＜一回目＞

●ふたりの関係における自分のありかたをどう見ているか、それぞれが十五分程度使って、話す。
●自分たちの父母が、彼らの結婚生活でどんな役割をになっていたか、話し合う。
●自分の見解のみを話し、相手には相手の見解を話させる。
●相手の言ったことを、それぞれが五分程度使って、まとめる。

●相手に確認する——自分の要約はだいたい合っているだろうか？
●ちがう部分があったら、言い直す。
●相手の協力に感謝する。

＜二回目＞
●自分のありかたのプラス面、マイナス面について、それぞれが十五分程度、話す。たとえば、男性側は、「考え、観察することで結婚生活に貢献しているが、気持ちを語ろうとしないことで会話を減らしている」、女性側は、「家族のために多くのことを達成しているが、ペースを落とさないことで愛の行為のチャンスを減らしている」などと言う。
●それぞれが相手から聞いたことを自分の言葉で言い直し、誤解があれば、それを解消する。
●いまどんな気持ちかを、五分間、話し合う。自分の気持ちがよくわからなかったら、ときどき中断して、体の状態をチェックする。
●相手がいまどんな気持ちなのか、自分の言葉で表現する。怯えている、不満を感じている、興奮している、消耗している、など。

＜三回目＞
●ふたりの関係における自分のありかたをどう変えるか、各自が二点ずつ選ぶ。たとえば、女性側は、いつも自分の正しさを主張するのはやめる、過度に批判的にならないようにする、もっと聞き上手になる、くつろぐ練習をする、相手に主導権を握らせる、など。また男性側は、もっと心を開く、絶えず罪悪感を抱くのはやめる、ときには主導権をとってみる、批判に立ち向かう、圧倒されたら心を鎮める、など。

●次回、どれだけ自分の行動を変えられたか話し合う約束をする。

●相手がもとのパターンにもどっているのに気づいても、絶対に責めないこと。

●自分たちの勇気を認めよう！　あなたたちは変化を起こした。これはいいことだ。

＜四回目＞

●自分の行動を変えたあと、どんな具合かを報告し合う。

●相手のどこがいちばん好きか、それぞれ十五分ずつ話す。たとえば、よく話を聞いてくれる、読んだ本について話してくれる、ときどき芝居に誘ってくれる、など。

●相手の言ったことを自分の言葉で言い直し、誤解があればそれを解消する。

●双方の気質に合いそうなデートの案を十分間、片っ端から出してみる。たとえば、地元の歴史博物館を訪ねる、コンピューター・ショップへ行って新しいゲームをやってみる、バラ園を散歩する、新しいナイトクラブへ行ってみる、など。

●相手が提案したことをやりたいかどうか、話し合う。日を決めて、翌月中にどれかひとつを実行する。

●約束の日を予定表に書きこむ。
●責任をもって、約束の夜（または昼）の計画を立てること。
●自分たちを讃えよう。これは楽しいと同時に、大変な作業なのだ！

さあ、これで練習ができた。今後もふたりの関係について話し合っていこう。コミュニケーションは、環になっている。あなたたちは、同等にやりとりしただろうか？　一方ばかりが独占放送してはいなかっただろうか？（もちろん、ときにはそういうこともあるだろうが、全体としてはどんなパターンだっただろう？）もし一方が支配的であるなら、もう一方がもっとうまく意志を伝えるためにはどうすればよいのかを話し合おう。

たとえば、内向型の男性はパートナーに、もっとゆっくり話し、自分が言葉を返す時間を残しておいてほしいなどと言う。外向型の女性は、彼の考えを聞けないと心が通っていない気がするなどと話す。あるいは女性側が、彼の話を聞いているときの自分の気持ちを語ってもいい――不安になる、気が散る、不満を感じる、時間がもったいない、興味を持っている、等。一方、男性側は、話しているときの自分の気持ちを話す――緊張する、無防備な気分になる、楽しい、等。

いつか一日を、相手のペースで過ごしてみるのも、非常にいい訓練だ。その際には、パートナーのペースで過ごすときの自分の気持ちに注目しよう――落ち着かない、気がせく、退屈だ、ゆったりできる、不満を感じる、等。また新たな話し合いをセッティングし、テーマを決めよう。たとえば、摩擦をどう処理するか、ふたりのエネルギー・レベルのちがいについて、といったテーマだ。ふたりの関係のプラス面について話すこともお忘れなく。このタイプの組み合わせには、いろいろと利点がある。それを楽しむことだ。

このカップルの利点と難点

内向型男性と外向型女性のカップルの利点は――

- 伝統的な関係よりも、女性が力を持つ。
- 男性が女性の言うことに耳を傾け、その意見を重んじる。
- 男性が無理をして主導権を握らずにすむ。
- 双方が自由を持てる。また、お互いの活動レベルのバランスをとることができる。

内向型男性と外向型女性のカップルの難点は――

- 男性が女性に圧倒されたり、息苦しさを感じたりする恐れがある。
- 女性側の情緒的欲求が満たされず、その要求が厳しくなる可能性がある。
- 女性が自分のパートナーを恥じる可能性がある。彼女は、彼を弱気、受け身、あるいは、回避主義的と見なすかもしれない。

●男性側が自尊心を失う恐れがある。

内向型の女性と外向型の男性――「いつもわたしばかりが振りまわされる」

気質のちがう者同士のカップルでもっとも多いのが、内向型の女性と外向型の男性という組み合わせだ。このタイプもなかなか油断がならない。忘れないでほしい。内向型／外向型連続体はすべての人のなかにあるのだ。仮に昼の間ずっと自分の支配的な側にいたとしても、その後、条件が整ったときに、反対側へ移行するかもしれない。こうした変動は、このタイプのカップルにもっとも顕著に見られる。多くの場合、外向型の夫は、外向的欲求を仕事によってほぼ満たされ、帰宅するころには休憩したくなっている。そのうえ、彼は親密な会話が苦手なのだ。

これに対して、内向型の妻は、自分の内向的欲求を夫によって満たそうとする。彼女にとって、夫は楽になれる相手だからだ。彼女は親密な会話を求めている。そのため傍《はた》から見ると、まるで内向的なのは夫、外向的なのは妻であるかのように見える。妻は会話を求め夫は安らぎと静けさを求めているからだ。しかし傍目《はため》にどう見えようと、だれが内向型でだれが外向型かは、その人の基本的なエネルギー補給法によって必ず明らかになる。

ジェイクとリザは、第二子が生まれたばかりのときに、わたしのもとへやって来た。始終、けんかを繰り返していて、もうどうしようもないという。ふたりはどちらも、エネルギッシュで、話し好きで、創造的なタイプであり、ユーモアのセンスも抜群だった。彼らは共同で高級婦人服の販売会社を所有していて、事業を拡張しつつあったのだが、お互いに失望し、ひどい負担を感じていた。ふたりの生活は、ストレスでいっぱいだった。

この例には、人間生活につきものの流動的な面が表されている。ストレスや危機は、わたしたちの物事への対処法を露呈する。だからこそ、（いいことでも悪いことでも）大きな出来事――たとえば、死別、結婚式、家の改装、病気、傷心、子供の独立など――は、離婚につながるケースが多いのだ。カップルが変化（つまりストレス）に適応できなければ、関係は悪化しはじめる。

まだ第二子が生まれず、仕事もさほど忙しくなかったころ、ジェイクとリザは自分たちの気質のちがいに気づかないまま、対照的なお互いのやりかたをうまく補完し合っていた。ジェイクは外向型だ。彼はセールス、会議、顧客の接待を受け持った。リザは内向型だ。彼女は従業員の管理やジェイクのスケジュールの調整に当たり、主に自宅で働いて、週に二、三日、出社した。これまで、リザの情緒的欲求は、女友達とのおしゃべりや日々の仕事によって満たされていた。彼女はジェイクに多くを求めなかった。ジェイクは外に出て活動し、自分の情緒的快適ゾーンでその役割を果たしていた。顧客に会ったり、ゴルフをしたり、出張に出たりする自由もたっぷりあり、リザにもとても大事にされていた。

ふたりにとって、過去の関係は満足のいくものだった。ところが、いまではそれがうまくいかない。子守りはいるものの、リザは会社で過ごす時間を減らし、家で過ごす時間を増やさねばならなかった。彼女は心の支えをジェイクに求めた。ジェイクは家庭と仕事の両方で増していく重圧によって、追いつめられた気分になった。リザはオフィスで彼を助けようとせず、子供にばかりかまけている。そのため彼は、リザは自分に関心がないのだと思った。また彼は、管理や運営が不得手なのを自覚しており、リザの仕事を引き継ぐことを恐れていた。リザは家庭と仕事の板挟みになって疲れ果て、ジェイクは不安をかかえこんで絶えず心配ばかりしていた。早急に手を打たねばならない状況だった。

まず、リザとジェイクは、自分たちの関係の現状について、自分自身やお互いを責めるのをやめなくてはならない。パターンを変えるのは、むずかしいことだ。しかし困難とともに、チャンスも訪れる——新たな状況は、ふたりに成長のきっかけを与えてくれる。ジェイクにとってこれは、人間関係や管理能力を向上させ、不安なときも自力で乗り切ることを学ぶよいチャンスだ。リザのほうは、助けを求め、不満を言葉にし、罪悪感を解き放つ能力を磨くことができるだろう。

つぎに記したのは、ジェイクとリザに効果のあった解決策である。人間は二歩進んで一歩退がり、また二歩進むことで変わっていく。このことを忘れないように。

自分から変わらなければ相手は変わらない

各自、自分もいくらかは変わらねばならないことを認識しよう。

●自分たちの気質について、また、各自が変化によってどんな影響を受けているかを話し合う。たとえば、外向型の男性は、どういうときに追いつめられた気分になるかをパートナーに説明する。内向型の女性は、ひとりで放り出され、家族への責任を背負わされたと感じていることを説明する。

●それぞれが変わるのに何が役立つかを話し合う。たとえば、女性は、静かな時間、話を聞く姿勢、家事の分担を求めていることをパートナーに説明する。男性は、どうすれば家庭と仕事のバランスがとれるかを話してみる。

●それぞれの要望を非難を交えずに出し合う。非難は仮面をかぶった恐れだ。それは自分のほしいものを率直に求めることで、緩和される。双方にとって満足のいく状況がもたらされるよう交渉しよう。それぞれが何かを得て、何かをあきらめるようなかたちに持っていくこと。男性側はあらかじめ、自分が非難がましくなったら注意してほしいと言っておこう。女性側は、ふたりの問題のすべてに責任を感じたりしないこと。

●両者がふたりの関係にバランスをもたらしていることを認識する。女性側は安らぎを、男性側は活発さをもたらしている。

●男性側は、自分の恐れや弱さについて語る練習をし、女性側は、不満や失望を口にする練習をする。

このカップルの利点と難点

外向型男性と内向型女性のカップルの利点は——

●女性が男性の言うことに耳を傾ける。
●女性が活動的、社交的になるよう、男性が仕向ける。
●男性が女性の時間をほとんど求めないため、女性は自由な時間をたくさん持てる。
●女性がひとりでいるのが好きなので、男性はより自由に行動できる。

外向型男性と内向型女性のカップルの難点は――

●男性側が愛の行為の技巧に欠けることが多い。
●女性が自分の考えや気持ちを話さない恐れがある。
●男性がふたりの関係の問題点をすべて女性のせいにし、女性はその非難を受け入れる、あるいは、無視する恐れがある。
●女性が自分の要望を率直に伝えられない可能性がある。

内向型と内向型――「心地いいけど、退屈だわ」

わたしがインタビューした内向型‐内向型カップルの多くは、現状のままでとても幸せだった。彼らは、表に雪が降り積もっているとき、ふたりで読書したことなどを語った。あるいは、ボードゲームをした夜のこと、森をハイキングしたこと、いっしょに行ったコンサートのことを。彼らの多くが、自分のもとの家族といたときよりも、いまのほうが気が楽だと感じていた。どうやら内向型同士はお互いによいパートナーとなるようだ。しかし、たとえそれが非常に満足のいく関係だったとしても、同じことが延々つづけば、マンネリ化を感じはじめるかもしれない。

わたしのもとへセラピーを受けにきた内向型同士のカップル、トニーとパットは、七年間いっしょにいて、うんざりしはじめていた。パットは言った。「毎晩、同じことの繰り返しなんです。うちですわって、テレビを見るか、本を読むかで」トニーも同意した。「何もかもパットといっしょにさせられているような気がするんです。たまには、自分の友達と出かけたいんだけど」

これは、内向型同士のカップルにときどき生じる問題だ――外からの刺激や友達づきあいの不足。それに、過剰な要求と期待という重圧のもとでは、どんな関係もうまくいかない。

内向型同士の関係では、一方、または双方が鈍麻し、生気を失う恐れがある。なんでもいっしょにするのに慣れてしまうと、余暇を別々に過ごすのには勇気がいるだろう。少々飽きてはいても、パートナー抜きで何かを始めようとすれば、不安を覚えるにちがいない。

さらに、長いことべったりくっついていたカップルが、病気、子供の問題、失業などのストレスに見舞われると、すべてが崩壊しかねない。内向型同士のカップルは、何か事があるまで、自分たちの問題に目をつぶっていることが多い。いったんぬるま湯からはじき出されると、通常、こうした関係はこっぱみじんに吹っ飛ぶ。自分たちの行きづまりに気づき、爆発の前に脱出をはかることができれば、カップルが外からの脅威を乗り越える確率はずっと高くなる。

以下は、その第一歩を踏み出すための助言――マンネリから脱却する方法である。

●立ち止まって、自分たちの関係が停滞していることに目を向けよう。お互いに、「ちょっと飽きていない？」と聞いてみよう。

●週に一度、友達や他のカップルと会う約束をして、つきあいを広げよう。

●もう少し外に出かけること。月に一度、ふたりでデートしよう。手配は交替で。

●ひとりで何かやってみよう。それぞれ別の友達や自分だけの趣味を持つのは、健康的なことだ。

●何か変わったことをいっしょにやる計画を立てよう。たとえば、行ったことのない場所へ遠乗りする、新しいレストランで食事をする、お互いに相手の好きなアイスクリームを食べてみる、やったことがなければボウリングに挑戦する、など。

このカップルの利点と難点

内向型同士のカップルの利点は——

●お互いの話によく耳を傾ける。

●物事を辛抱強くじっくり考える。

●お互い、相手にプライバシーと静けさが必要であることを理解できる。

●ほとんど摩擦が生じない。

内向型同士のカップルの難点は――

●外界と接触しなくなる恐れがある。
●あらゆることを自分たちの視点からとらえる傾向がある。
●摩擦や行きちがい、別々の欲求についての話し合いを避ける傾向がある。
●情緒面でお互いにたよりすぎる恐れがある。

ふたりで上手におどる方法

だれかとカップルになれば、人間関係を維持するためには、たゆまぬ学習とスキルアップが必要であることが、〇・五秒でわかるだろう。つぎに記したのは、ダンス上達のための助言――内向型・外向型のあらゆる組み合わせに有効なものだ。完璧な人間関係などないということをお忘れなく。ただし、わたしたちは、よろよろと墓穴に這《は》いこむ日まで、ずっと上達しつづけられる。

①相手のメガネをかけてみる

「はじめに」で書いた、ラスベガスでのマイクとわたしのエピソードを覚えておいでだろうか？

外向型のマイクは、足取り軽くホテルのロビーを進んでいった。躍動する虹色のライトと、にぎやかに行き交う人々。笑い声と鳴り響くコインの音。隣接するレストランのセルフサービス・カウンターの豊かな匂い。彼はそのすべてを楽しんだ。ホテルの傾いたエレベーターで部屋に昇っていくときは、その目新しさに胸をおどらせた。彼は早くも、きたる夜の〝刺激〟に期待し、活動と興奮を体感したがっていた。

内向型であるわたしの現実は、まったくちがったものだった。目を眩《くら》ませるまぶしいライト。スチールの受け皿で炸裂するやかましいコインの音。息をつまらせるタバコの煙。狭い通路でのひどい混雑。わたしは逃げ出したかった。そうして、よろよろとエレベーターにたどり着き、部屋にもどったのだ。

カップルたちは、自分では意識せず、独自の気質のメガネをかけたまま、関係に足を踏み入れる。わたしたちのレンズは、遺伝子、生理、子供時代のしつけ、感情の履歴、社会的階級、教育、友人などによって研磨されている。どのレンズにもきちんとした処方箋があるので、どの目に映る景色もその人にとっては真実であり、正確なものだ。ただし、あくまでもその人にとっては、なのである。健全な関係に不可欠なのは、あなたが自分のメガネで世の中を見ているのに気づくことだ。

自分の目に映る景色を正しいものだと思いこむと、わたしたちは関係のなかで苦闘することになる。ならばラスベガスでのマイクの経験はまちがいだったのだろうか？　いや、そうではない。ではわたしの経験は？　これも然り。どちらも――それぞれにとっては――正しかったのだ。

マイクとわたしは、自分の持つ唯一のメガネをかけていた。人間が持ちうるのは、自分なりの経験だけだ。

自分自身の物事のとらえかたがわかったら、今度はパートナーのとらえかたを理解しにかかる番だ。別の人の目にはこの世界はどう映っているんだろう？　そんな疑問を抱かせるのは、好奇心である。「どんなだろう？」というのは、大事な言葉だ。「あなたにとってはどうなの？」「あなたはなぜそれが好きなの？」「別の気質を持っているのはどんな感じなの？」好奇心によって、関係は育ち、発展する。

②コミュニケーション方法に合わせた会話術

どんな関係であれ、内向型と外向型のコミュニケーションにおいてもっとも大事なのは、その気質のちがいゆえに、それぞれが異なる形で自己表現しているのを知ることだ。一方には自国語であるものが、他方にはちんぷんかんぷんであることも多い。どちらの方式がいいとか悪いとかいうことではない。どちらにもそれぞれの長所と短所がある。双方の方式を理解すれば、あなたたちは互いの言語を〝翻訳〟し、協力し合えるようになる。では、各方式がどんなものか見てみよう。

内向型人間のコミュニケーション方式は――

●エネルギーや熱狂や興奮を内に秘め、ごく親しい人とのみ分かち合う。個人的なことはなかなか他人に打ち明けない。
●質問に答える前に考える時間を必要とする。外界の出来事に反応する前に、熟慮の時間を必要とする。
●一対一のコミュニケーションを好む。
●話を引き出してもらうか、話すようすすめてもらう必要がある。口頭より文字によるコミュニケーションを好むこともある。
●ときとして、話していないことを話したと思いこむことがある（いつも頭のなかで話す内容を検討しているため）。

外向型人間のコミュニケーション方式は——

●エネルギーや熱狂や興奮を、近くにいるほぼだれとでも分かち合える。
●質問や外界の出来事に対する反応が速い。
●個人的なことを気楽に話す。
●一対一でも、グループのなかでも、同じように気軽に楽しく会話できる。
●他人とやりとりしながら声に出してものを考え、そのプロセスのなかで結論に達する。
また、他人に話す機会を与えないことも多く、言っていることに深い意味はないこともある。

●文字よりも口頭による直接的なコミュニケーションを好む。

内向型のパートナーとの会話術のコツは――

●パートナーにその日の出来事をたずねてみる。内向型の人は、こちらから引き出さないと話をしないことがある。

●途中で話をさえぎらない。内向型の人は、再度、話しだすのにエネルギーを必要とする。相手の話を最後までちゃんと聞き、それから自分の考えや気持ちを話すこと。

●ときには、文字でコミュニケーションをとる。内向型の人にとって、書き言葉は過剰な刺激になりにくく、取りこみやすい。電話のそばにカードを置こう。または、相手のランチボックス、スーツケース、ブリーフケース、ポケット、枕の上にメモを。

●小休止を楽しむ。何度か深呼吸をして、ただすわっている心地よさを味わう。しばらくふたりきりで過ごしてみる。パートナーのペースに合わせる。

●あなたのパートナーは、場合によっては、話すためにかなりのエネルギーを使っている。そのことに気づいていると相手に伝え、感謝の意を表そう。

外向型のパートナーとの会話術のコツは――

●短く明快に話すようにする。そうすれば、外向型のパートナーももっと楽にあなたの話が聞けるだろう。

●必要なときは、恐れずにどなったり、大きな声を出したりしよう。あなたには刺激が強すぎるかもしれないが、より外向的なあなたのパートナーは、声を大きくしないと本気だと思ってくれないことがある。

●頭に浮かんだことをそのまま言う練習をする。いつもリハーサルするのはやめよう。

●気にせずに間《ま》をとる。外向型のパートナーの超特急ペースについていく必要はない。

●あなたは決断に時間がかかるし、心にあることをいつも口にするとはかぎらない。そのことがどれだけ相手の負担になっているか、気づいていることをパートナーに伝えよう。

●パートナーに対する自分の気持ちを本人に伝える。これは忘れがちなことだ。相手は、自分への関心を言葉にしてほしがっている。メモやEメール、たくさんのキスを贈ろう。賛辞も忘れないこと。

③かわりばんこにわがままを通す

一方ばかりがいつも意思を通していたのでは、どんな関係もうまくいかない。カップルの双方が自分のほしいものを少しずつ得ていると感じれば、関係はスムーズにいく。そうでなければ、憤懣《ふんまん》がたまるだろう。それに、ときおり失望を味わうのはだれにとってもよいことだ。そうした経験は感情面の筋力を鍛えてくれる。喪失感や失望をまったく味わわずに一生を送れる人はいない。そのつらさに耐える力、自分の気持ちについて考え、どう行動するか選択しようという意識は、〝品性〟を育てる。品性のある人は、己《おのれ》を信頼することができ、健全な人間関係を築く。なぜなら彼らは、自分が人生の波風に耐えられることを知っているからだ。

自分たちの必要と欲求について考えてみよう。そうすれば、あなたたちカップルは、双方とも、より健全なパートナーとなれる。お互いの要望を相手に伝え、交渉するすべを学ぶことが、関係を持続させる秘訣である。

- 休止時間が必要であれば、パートナーにそう伝えよう。相手に、活動時間が必要かどうかたずねてみよう。
- 計画を立てるときは、内向型と外向型のエネルギーのちがいについて考えよう。
- 内向型、あるいは外向型であることを批判したり、理想化したりしないこと。
- パートナーのパワーが落ちていることを示す危険信号を覚えよう（内向型の場合は、怒りっぽくなる、疲れを見せる、など。外向型の場合は、そわそわしている、退屈している、刺激の欠乏により機能停止におちいっている、など）。自分のバッテリー不足を相手に知らせる方法について話し合おう。
- ふたりでいっしょにすることと別々にすることのバランスをとろう。
- パートナーに気の進まないことをしてもらうときは、必ず感謝の気持ちを伝えよう。

④お互いの気質のちがいに感謝する

いちばんいい助言を、最後に取っておいた。三十八年間、外向型人間と暮らしてきて、わたしは大切なことを学んだ。それは、自分たちのちがいに感謝することだ。マイクがどんな道でも行ってみたがるおかげで、わたしは数々の旅を経験してきた。舗装されていないさまざまな道を探検したし、あるときなど、レンタカーの保険が適用されないハワイ奥地の河床まで走った。パートナーの外向的な世界をのぞくチャンスが得られたことに、わたしは感謝している。

マイクは数々の緑豊かなゴルフコースをわたしに見せてくれたし、単独では決して会うことのなかった多種多様な人々にわたしを引き合わせてくれた。マイクの気質は多くのものを提供してくれる。わたしの気質も同じだ。自分の世界と彼の世界がまったくちがうからといって、自分があるいは彼がおかしいということにはならない。わたしはそのことを学んだ。

人間がみな同じだったら、この世界はひどく退屈だろう。世の中を豊かにするには、わたしたち全員の能力と限界とが必要だ。人は、その帰属集団に各構成員がもたらすものを享受することで成長する。健全な人間関係を維持するもっともよい方法は、お互いに感謝することだ。内向型の人は、パートナーへの感謝をなかなか口にできない。なぜそれを言葉にしなければいけないのかさえ、よく飲みこめないだろう。一方、外向型の人は、外での活動の忙しさにかまけ、家で感謝の念を表すことを忘れがちだ。パートナーに感謝しよう。これを意識することは、すばらしい効果をもたらす。

自分と相手の気質を意識することから始めよう

内向性と外向性は、人間関係にさまざまな影響を及ぼす。自分自身とパートナーの気質を理解すれば、ふたりのちがいのもたらす心理的影響への、あなたの意識は高まるだろう。人はそれぞれ、ただ反射的に反応する代わりに、関係をどう育てたいかを考えることができる。無意識の関係は、距離や苦痛やすれちがいを招く。意識しなければ、わたしたちはただ、回し車のなかのハムスターのように同じパターンを繰り返すばかりだ。パターンを変えるのはむずかしい。しかしそれは、生涯あなたの宝となる、感情面の筋肉を鍛えてくれる。またそれは、ときに楽しいことでもあるのだ。

第5章　子育て――親も子も無理をしないために

子供は型にはめてつくられる物ではなく、開花させるべき人間だ

――ジェス・レア

子育ては、一日二十四時間のややこしい仕事であり、大量のエネルギーが求められるうえ、たくさんのストレスをともなう。家族がさまざまな気質のメンバーで構成されている場合は、なおさらだ。それぞれの心身の働き――各自のエネルギー回復法と情報の処理方法――の重要性をみなが理解すれば、その家族の共同体としての自信と能力は高まる。

各自の気質が考慮されないと、一家の全員がパワー不足におちいり、不機嫌になり、自尊心を失う恐れがある。だれも彼もが最終的にいやな気分になるだろう。

まず行うべきことは、家族内の気質分布の判定である。本書を頭から読んできたかたは、内向型／外向型連続体における自分とパートナーの位置を、すでに把握しているだろう。そうでないかたは、第1章にもどって、三三ページの〔内向型人間のための自己診断テスト〕をやってみよう。人間関係をテーマとした前章では、あなたとパートナーがどのタイプのカップルかを明らかにした。本章は、子供の気質の判定を手伝うことによって、あなたの家族像を完成させることが

できる。

あなたの子供は、内向型か？　外向型か？

あなたの子供の生得的気質は、どんなものだろう？　その子の持って生まれた特性をよりよく理解することが、あなたや本人の助けとなるのはなぜだろうか？　子供の天性を理解すればするほど、親はその特質をいい方向へはぐくむことができる。『挑戦する子供』の著者で、医学博士のスタンレー・グリーンスパンはこう述べている。「親は、子供がその優れた生得的能力をどう使うかを大きく変えることができる」わたしたち親は絶えず、天性と養育の間に相互作用を生じさせている。我が子の心身のシグナルを読みとれるようになろう。その道に熟達すれば、あなたはもっと子供の力になれる。それによって彼らは、自らの気質によりうまく対応できるようになり、その気質を利用して、充実した価値ある人生を築くことができるだろう。

つぎの各項に目を通し、自分の子供について考えてみよう。

内向的な面が強いなら、あなたの子供にはこんな傾向があるだろう。

- まずよく見たり、聞いたりしてから、活動に参加する。
- 興味のあることには深く集中する。

●自室でひとりで過ごすのが好きで、内省によって元気になる。
●まず考えてから、話をする。
●個人空間に強いこだわりがあり、すぐそばにすわられたり、ノックなしで自室に入ってこられたりすることを嫌う。
●胸の内をあまり明かさず、何を考え、感じているか、聞き出さねばならない。
●存在を認めてもらう必要がある。不合理に、自分はだめだと思いこむことがある。
●話題に興味があるときや、気楽な相手といっしょにいるときは、よくしゃべる。

外向的な面が強いなら、こんな傾向があるだろう。

●発達段階にもよるが、概して群れを好み、社交的である。
●交流や活動によって元気になる。
●自分の体験や考えをすぐみんなに話したがり、話題が豊富である。
●声に出してものを考える。物をなくすと、「ぼくのボールはどこだろう?」「無線機がないんだ」などと言いながら、家のなかをさがし回る。何か決断するときも、しゃべる必要がある。
●ひとりでいるより、人といっしょに過ごすことを好む。
●たくさんほめてもらう必要がある。たとえば、何かしているなら「上手だね」、贈り物をしたときは「とても気に入ったよ」などと、言ってもらいたがる。
●多様性を好み、気が散りやすい。
●思っていることや感じていることを、進んで打ち明ける。

注意すべき点は、大半の子供は極端な外向型でも極端な内向型でもないということ、内向型の子供が外向的に、外向型の子供が内向的に振る舞う場合もあるということだ。自分の子供がいつどんなふうに、内向的、外向的になるのか、そのパターンを見つけ出そう。これは社交術の問題ではなく、エネルギーの補給方式の問題だということをお忘れなく。

たとえば、わたしのクライアントのカーラにはエリザベスという娘がいるが、彼女は連続体の中間地帯にいる。エリザベスの内向的な面は、母親が保育園にお迎えにきた直後は話をしたがらないというかたちであらわれる。娘の沈黙の時間にどう対処しているか、カーラはわたしに話してくれた。エリザベスを車の座席にすわらせると、お気に入りの本を一冊、彼女に渡し、そのお話のテープをかけるのだ。エリザベスは、テープのベルの音に合わせてページを繰るのが大好きなのだそうだ。

カーラは言う。「音楽を聞かせる日もあるんですよ。きょうはずっと、いっしょにビートルズ・メドレーを歌いながら帰ったんです」しばらくすると、エリザベスは話をしたくなり、とめどなくしゃべりつづけるという。

内向型の我が子を理解するために

内向型の子供は油断がならない。彼らは表には出さずに、多くのことを考えたり感じたりしている。また、不可解なことに、自分で思っている以上のことを知っていたりもする。自分自身の脳の働きかたを理解させてやらないと、彼らは、自らのすばらしい潜在能力を過小評価しかねない。

内向型の子供には、情報を取りこんだあとに、その情報を処理するための静かな時間が必要だ。つまり、見聞きし、吸収したすべてを統合するための時間である。やがて考えが形を成すと、彼らも行動を起こしたり、自分の意見や感想を話したりできるようになる。事実、話すことは、彼らが自分の頭の働きかたを理解する助けとなる。途中でさえぎられると、彼らは何を話していたかわからなくなる。考えていたことを再度呼びもどすのには、余分なエネルギーと集中力が必要だ（内向型の脳の長い経路を覚えておいでだろうか？）。刺激を遮断する時間と場所が与えられないと、内向型の子供は朦朧として、思考停止におちいりかねない。

内向型の子供にとって、ほとんどの活動はエネルギーを奪うものだ。充電することを教えてやれば、彼らは大きく成長する。つぎに、内向型の子供が世界に対処し、燃料を補給するための方法をいくつか示そう。

①プライベートな時間を与える

内向型の子供の日々のスケジュールには、プライベートな時間が組みこまれていなくてはならない。彼らもプライベートな時間には、さほどエネルギーを消費せずにすむ。プライベートな時間は、ひとりきりか、その子にとって気楽な二、三人だけになることで——または、単に集団を離れることで、生み出される。内向型の子供はまた、刺激の強い活動の合間には、余分に休憩をとらなくてはならない。外向性が重んじられ、子供向けの多くの活動がグループで行われる西洋文化においては、内向型の子供がひとりの時間を持つことはなおさら重要になる。機嫌が悪いのは、彼らが中休みを必要としている信号だ（『セサミストリート』のオスカーがいつも不機嫌なのは、ゴミ容器のなかで過ごす静かな時間がもっと必要だからなのかもしれない！）。

わたしのクライアントのボブは、九つのとき、盛大すぎる——子供三十人が集まった——お誕生日会で刺激過剰を経験している。家族からは、すでに陽気な白黒の子犬が贈られていた。パーティーが始まると、ボブは息苦しさを覚えたという。「他の子たちに子犬に触られたくなかったんです。ぼくはその犬にスパイダーマンという名前をつけていました。みんなが早く帰ってくればいいのに、と思いましたよ。そのうち両腕の皮膚の内側に、無数の蟻が這《は》い回っているような感じがしてきて、ぼくは泣きながら二階の自分の部屋に駆けあがって、しばらくそこにいました。そのうち父がスパイダーマンを二階に連れてきて、何分か静かに話をしてくれたんです。すると気持ちが楽になって、蟻たちはどこかへ行ってしまいました」

やがて、ケーキとアイスクリームを食べに階下へおりてきたときには、彼もふつうの子、笑顔の主役にもどっていた。パーティーが終わるまで、スパイダーマンは二階にいた。翌年から、ボブの両親は、彼のためにもっと小さな会を催すようになった。

内向型の子供の多くは、いつどのように休憩をとるべきか、人に教わる必要がある。彼らは、自分に休憩が必要であることを知らなかったり、休憩をとることに不慣れだったり、集団を離れるのをいやがったりする。だからこそ、親が我が子を知ることはとても重要なのである。親には、息子や娘がぼんやりとしていないか、不機嫌になっていないか、殻にこもっていないか、気づくだけの敏感さが求められる。

何かの集まりで、我が子が茫然としているのに気づいたら、こう誘ってみるとよい。「ここはすごくうるさいし、人が大勢いるから、ちょっとお庭を歩いてこようよ」もし子供が不機嫌だったら、こんなふうに声をかける。「デザートを出すのを手伝ってくれない？　すぐもどってこれるから」またはこんなふうに――「ちょっとばててるみたいだね。外をぶらついて、まわりにどんなおうちがあるか見てこようか？」

ご機嫌ななめの子供は、休憩するように言われれば、不満を表すことが多い。ときには、しばらく他のことをするように仕向ける必要もあるだろう。そんなときは、あとでこう言おう。「あなたには、ちょっと他の子たちから離れる時間が必要だったのよ」少しプライベートな時間を持てば気分がよくなることに、子供自身が気づくようにしてあげよう。五分もすれば元気になってもどってこられるし、そのあとは前以上に友達との時間が楽しくなる。子供たちには、それを教えてあげることが必要なのだ。

あなたは、つねに元気で幸せでいられるように、内向型の子供たちを導くことができる。休憩の必要性を彼らに教えよう。事実、自ら休憩を求める子もいるのだ。子供がくつろいでいて、他に人がいないときに話をしよう。あなたが休憩はよいものだという考えを示せば、子供もそう思うようになるだろう。たとえば、こんなふうに言ってみよう――「お友達といっしょのとき、すごく元気な子っているよね。そういう子は一日じゅう遊んでいても、ぜんぜん疲れないの。ほら、弟のサムみたいにね。でも、お友達と遊ぶのは好きだけど、途中でちょっと休憩しないといけない子もいるの。あなたはそういう子よ、キャミー。ひと息入れて、体にエネルギーを与え、何度か深呼吸する必要があるの。そうしないと、ばてちゃったり、機嫌が悪くなったりするのよ」

子供自身にも、休憩の必要性に気づいたことはないか聞いてみよう。ちゃんと答える時間を与えること。ひとつも思いつかないようなら、その子が疲れを見せたとき、その場の雰囲気に圧倒されていたときのことを思い出させてあげよう。

子供が遊びにもどっていくのを助けることも大切だ。内向型の子供たちのほとんどは、しばらく様子を見てからでなければ、活動に入っていけない。彼らにこう言おう。「みんなのところへもどる前に、しばらく見ていてもかまわないのよ」研究によれば、集団に加わる最良の方法は、なかのひとりと目を合わせ、その人にほほえみかけて、周囲の注意を引かないように遊びの流れに入っていき、その後、適切な質問をすることだという。

子供にこんなふうにすすめよう――「お友達が追いかけっこをしていたら、サムと目を合わせて、にっこりして、それから、どっちへ逃げたらいいのか聞いてごらん」子供が活動に参加しようとしたら、その努力を褒めてあげよう。あとで、うまくいった方法、いかなかった方法について話し合おう。

② プライベートなスペースを与える

内向型の子供には、自分の体と外界とを隔てる物理的スペースが必要だ。これにはいくつか理由がある。第一に、彼らには、自分の考えたことや感じたことを処理するために、内へ注意を向ける必要があり、そのためには外からの刺激を遮断しなければならない。第二に、単に周囲に人がいて、動きがあるだけで、内向型のバッテリーは消耗してしまう。外向型の人にとっては、これは理解しがたい、あるいは、想像しがたいことだろう。第三に、内向型は、外界を遮断しないと新たなエネルギーを生み出せない。

以前、わたしは、ジェフリーという十歳の内向型の男の子に、数カ月にわたってセラピーを行ったことがある。ジェフリーの両親は、彼がずっと殻にこもっていて、これといった理由もないのに突然爆発するので、心配していた。あるとき、ふたりでボードゲームをしていると、ジェフリーはなんの前触れもなしにこう言いだした。「マイケルと部屋がいっしょなの、いやなんだ。ぼくは平和と静けさがほしいんだよ」「そうなの？」わたしは言った。「ずっとそのことを考えてたみたいね」ジェフリーの家には四つ寝室があって、そのひとつは遊び部屋になっていた。結果として、ジェフリーはひとつの部屋を外向型の弟マイケルと共同で使っているのだった。「マイケルは遊び部屋へ移ればいいんだよ」ジェフリーは言った。「じゃあ、自分とマイケルの部屋がどんなふうになるか、絵に描いてみたら？」わたしはすすめた。

ジェフリーはわくわくした様子で、紙の上に身をかがめ、ふたつの部屋の絵を描いた。親たちのあらゆる反対を想定し、しばらく前から頭のなかで計画を立てていたのは明らかだった。彼はすべてを綿密に考えたうえで、初めてこの話を持ち出したのだ。わたしに計画を打ち明けたあと、彼は描いた絵を使って、自分に専用スペースが必要なことを外向型の両親に話した。マイケルは遊び部屋を自分の部屋にし、そのほぼ直後から、ジェフリーの低迷状態は改善され、癇癪《かんしゃく》の発作もあまり起きなくなった。彼は、その気質に不可欠な平和と静けさを獲得したのだ。

内向型の子供も、さまざまなかたちで身体的な触れ合いを求める。子供がみんなそうであるように、抱きしめてもらえば喜ぶこともある。だが、刺激過剰になっているときは、距離を置きたがるかもしれない。「脚がぶつかってるよ」車に乗っているとき、疲れが出れば、そんな不平を言うだろう。また、集団のなかでは、中心部よりも、周辺部にいたがることが多く、すわるときは、人とソファを共有するより独立した椅子を好む傾向がある。触れられると身を引くこともあるだろう。でも気にしてはいけない。彼らが寄り添いたがるときは触れ合いを楽しみ、外からの刺激を減らしたがっているときはそれを受け入れよう。

内向型の人は、自分の物理的スペースを侵害されると消耗する。たとえなんのやりとりもなくても、ただ人がまわりにいるだけで、エネルギーを奪われてしまうのだ。これは外向型の人には理解しがたいことだ。彼らにとってスペースは問題ではない。体を寄せ合うことに、エネルギーは要らないのである。

間近に立たれたりすわられたり、予告なしに部屋に入ってこられたりすると、それだけで内向型の人はエネルギーを吸い取られてしまう。わたしのクライアントのクリスティンは、六歳のころ、自分の寝室のドアに「立ち入り禁止」と書いた。ほぼ同じ年のころ、彼女の娘のケイティーに「立ち入り禁止」という字を教えてほしいと言われ、彼女は驚き、おもしろがった。ケイティーは小さな黒板にそう書きつけると、自分の部屋のドアノブにそれをぶら下げ、ドアを閉めた。あとでクリスティンはケイティーにほほえみかけて、こう言った。「あなたの気持ち、よくわかるわよ」内向型の人にスペースを与えるというのは、エネルギーを与えることなのだ。

スペースの問題について、あなたの子供と話してみよう。たとえばこんなふうに――「あなたはまわりが人でいっぱいだと、落ち着かなくなったり、疲れたりするのよね」もっとも大事なのは、彼らの居心地悪さへの理解を言葉で伝えることだ。「ティナ叔母さんとクリストファーといっしょに車で博物館まで行くの。だいたい一時間くらいかかるわ。あなたはよく、長時間、人とくっついていると、息苦しくなるでしょう？　どうすればいいと思う？」驚くほどの確率で、子供は名案を思いつく。何も出てこないときは、こちらから案を出してみよう。「ふたりの間にクッションをはさんでおいたら、少しは楽かな？　どう思う？」

長いドライブのときは、プライベートなスペースについて子供と話をしたり、定期的に車を降りて外を歩いたり、席を替わったりしよう。息苦しくなってきたら深呼吸して緊張を解くよう、子供にすすめるとよい。また、子供の注意をよそへそらしてあげること。ヘッドホンを渡してお話や音楽を聞かせたり、ひとりで遊べるようシールの本を与えたり、なぞなぞなどのゲームをしたりしよう。もうじき着くと言って子供を安心させるのも、よい方法だ。

子供が居心地悪さに耐えているのに気づいたら、褒めてあげるのも忘れてはいけない。「車のなかは窮屈でいやなのよね。でもきょうはいい子だったわ」

③ゆっくり考える子をゆっくり待つこと

内向型の子供には、何かすることを強要されずに、ゆっくり考える時間が必要だ。内向型の子供の多くが怠け者扱いされるのは、彼らが熟考の時間を求めるためだ。親たちはイライラして、こうたずねる。「何をだらだらしているの?」しかし内向型の子供は、エネルギーを蓄えるためのみならず、じっくり考えるためにも休止時間を使っている。では、内向型がものを考えるのにはなぜこのプレッシャーのない自由な時間帯が必要なのだろう?　彼らは外界から、意識的、無意識的に情報を吸収している。外からの刺激を抑えることができなければ、彼らの内なる思考、感情、感想は、決して表に出てこない。処理時間がなければ、彼らの精神は停滞し、満杯になってしまう。すると内向型の人の多くは、脳が空っぽになった気分を味わう。ところが実は、脳のなかには多くがつまっている。ただ、それが整理され、より分けられていないだけなのだ。

頭のなかが真っ白になった内向型の子供は、ひどい混乱と恥ずかしさに見舞われるだろう。そのとき、あなたは簡単な説明によって彼らを救うことができる。「いますぐは無理でも、あとになれば、自分の気持ちがわかってくるわよ」たとえ自分で気づいていなくても、彼らの脳は確実に働いている。そのことを彼らに教えてあげよう。「いまにあなたの脳みそがあの課題を噛み砕きはじめるからね。明日までには、何か考えが浮かぶわよ」彼らが結論や答えにたどり着いたときは、そのことを指摘しよう。「あの本について、よく考えたみたいね。じゃあ、どこが好きでどこが嫌いか説明できるでしょう?」

外向型の人は、解決のためにに話をするのが好きなので、心を明かさない内向型の人にいらだつことが多い。「さっさと吐き出しちまえ」と彼らは言う。だから内向型の子供には、こんな答えかたを教えてあげよう。「まだ考え中なんだ」もしもあなたの子供が、声に出して考えるのが好きなタイプなら、いちばんいいのはただじっと耳を傾けて、その後、何か言葉を返してあげることだ。「なるほど、つまりこういうことね、アリシア。あなたは科学の自由研究のテーマをいくつか考えてみて、ふたつにまでしぼりこんだ。そのテーマについて、いま話したい? それとも、もっとあとにする?」言葉を返してあげることによって、内向型の子供も圧倒されずに問題解決を続行できる。

学校の先生と話し合って、あなたの子供に熟考が必要なことを説明するのも、いいだろう。その先生は、人によって使っている脳の経路が異なることや、その経路の長さが子供の反応の速さを決定づけることを知らないかもしれない。ひとつのテーマについて生徒たちに考えさせるとき、教師はこんな言いかたをすることもできる。「お昼休みのあと、この章について話し合いましょう」きっとその教師は、考える時間を与えると、おとなしい子たちがいつもよりたくさん意見を出すことに気づくだろう。

あなたの子供が家族以外の人にもこう言えるようにしてあげよう――「答える前にゆっくり考

えさせて」物事をじっくり考えるのは大切なことだ。そのことを彼らに気づかせよう。褒めてあげるのも忘れてはいけない。「あなたがものをよく考える子でほんとうによかったわ、エミリー」あなたの息子や娘には、すばらしい長所があるのだ。

あなたが内向型の子供を持つ外向型の親だったら

内向型の子供を持つ外向型の親たちは、ひどく心配する。彼らは我が子の幸せを願っており、その子が表すもろもろの特性を危険信号ではないかと考えるのだ。その子が男の子である場合、親はしばしば、強く育ってほしいと願う。わたしのクライアントの男性は、息子についてこう述べた。「マックスにはセラピーが必要だと思うんです。いい子なんですが、活発さに欠けるし、はっきりものが言えないんですよ。何をするにも時間がかかりますしね。話をするのにもですよ」この外向型のお父さんは鋭くも、ここでこう付け加えた。「マックスは小さいころから打ち解けない子でした。うちのもうひとりの息子は、もっと社交的なんですがね」

わたしはマックスのお父さんに、内向型人間の静かなエネルギーについて話し、質問に答えるときマックスにまとまった時間が必要なわけを説明した。すると、お父さんの顔の緊張が和らぐのがわかった。マックスの行動が正常だと知り、お父さんは息子を助けてやれるようになった。たとえば、お父さんが前もって予定を教え、しばらく様子を見てから活動に加われるようにしてやると、マックスもすんなり流れに乗ることができた。結果的に、マックスは前よりよく話すようになり、家族は前よりよく耳を傾けるようになった。

別のクライアントで、究極の外向型のヘイリーには、内向型そのものの感受性の強い四歳の息子ベンがいた。彼女はベンに深刻な問題があるものと思って、わたしのもとへやって来た。息子が自閉症かもしれないとさえ思っていた。なぜ息子がいつもぼうっとしているのか、なぜしょっちゅう泣くのか、彼女には理解できなかった。十分から十五分にわたって、彼女は自分たちの日常を物語りつづけた。それは、まるでマラソンだった。ここへ行って、あそこへ行って、これをやって、あれをやって。

わたしがさえぎったとき、彼女は、家族のお出かけに予定しているお楽しみを列挙している最中だった――ミニゴルフをやって、アーケード街へ行って、ファミリーレストランでお昼を食べて……。わたし自身、気分が悪くなりはじめ、すでにへとへとだった。ベンが壊れていくさまが目に浮かんだ。わたしは言った。「ベンはちょっと刺激過剰になっているのかもしれませんね」

「どういう意味でしょう？」ヘイリーはそう問い返し、腰を下ろして以来初めてしゃべるのをやめた。「そうですね、どうもあなたは外向型で、ベンは内向型のようです。そんなに盛りだくさんだと、ベンは刺激を受けすぎてしまうんです。ぼうっとしたり泣いたりするのは、もう手一杯だという彼のシグナルなんですよ」

「刺激を受けすぎるって、どういうことですか？」ヘイリーはたずねた。これは彼女にはピンとこない概念だった。そこでわたしは、ベンはおそらくいろいろなことがありすぎると感じていて、疲れて何も考えられないのだと説明した。ヘイリーは笑った。「なのにわたしったら、あの子を大いに楽しませている気になっていたわ」新しい赤ちゃんを身ごもっていたへイリーは、しばらく間をおいてからこう言った。「この赤ちゃんはどんな気質なのかしら」わたしは、前進しているな、と思い、そう考えるのはよいことだと言った。あなたの子供をあなた自身のエネルギー・レベルで圧倒してはいけない。これはとても重要なことだ。

別の外向型の親は、娘のアレクサのことを相談してきた。「あの子ときたら部屋で本を読んでばかりいて、他のことは何もしないんです。これは深刻な問題ですよ。あの子は現実を避けているんです」アレクサは父親が何を提案しても乗ってこないのだという。彼は娘が自分に怒りを抱いていると感じていた。そこでわたしは、いっしょに本を読もうとアレクサを誘うようにすすめた。つぎの面接のとき、彼は自分の驚きを語った。アレクサは父親の提案に顔を輝かせたのだ。いまではふたりは週に一度、いっしょに本を読んでおり、親子関係はずっとよくなったという。

内向型の子供は外向型の子供ほど感情を表に出さないかもしれない。親を愛し、大事に思っていても、彼らはそのことを言葉にしないだろう。自分の気質と我が子の気質を受け入れよう。それは変えられるものではない。しかしあなたたちはどちらも、家族に、そして、世界に貢献しうるすばらしい特質を持っているのだ。

内向型の子供をしつけるには

内向型の子供は怒りや非難にかなり敏感だ。彼らを人前で叱ってはいけない。つらさゆえに、その子はあなたを心のなかから締め出し、平気な顔をするかもしれない。でもほんとうは気にしている。だからと言って、問題ある行動に目をつぶれというのではない。

事務的に、何がいけなかったのかを本人に伝えよう。「砂を投げつけるなんてよくないよ」そしてその理由も説明する。「砂が目に入って、ティミーは痛がっていたでしょう?」さらにこれからどうすべきかを教える。「ティミーにあやまりなさい。あとでよく話をしよう。あなたがどんな気持ちだったのか、どうして砂を投げつけたのか教えてね。もし何か腹の立つことがあったなら、その気持ちをもっと上手に表せるように考えようよ」怒りや不満といった感情は、内向型の子供にとって過剰な刺激となりうる。彼らは、そうした感情をうまく処理する方法——行動でなく言葉で表すこと——を教えてもらう必要がある。

親は、子供を恥じ入らせたり責めたりといったことは、最小限に留めなくてはならない。第2章の、羞恥心と罪悪感、およびその取りのぞきかたに関する部分を読んでほしい。羞恥心は、その子の根本的存在意義を攻撃する。「ぼくは妹をどなりつけた。悪い子だ。ママはもう愛してくれないだろう」罪悪感は、してはならないことをしたという感覚だ。「ぼくは妹をどなりつけた。ママはきっといやがるだろう」子供が口を開くまで時間を与えよう。気持ちが鎮まるまで、彼らは何も言わないかもしれない。事件のことで子供がくよくよしていないかどうか、きちんと確かめること。彼らに愛していると言おう。そして、だれにでも——親自身にさえも——過ちはあるのだと教えよう。

外向型の我が子を理解するために

外向型の子供にとって、話す相手を持つこと、意見や感想を言ってもらうこと、声に出して考えること、忙しくしていることは、すべてエネルギー源となる。これらが、内向型の子供のエネルギー源とどれほどちがうかに注目しよう。また、内向型と同じく、外向型の子供も連続体上にいること、さまざまな度合いの外向型があることをお忘れなく。それぞれの子供は独自の個性を持つ唯一無二の個人なのだ。このことを心に留めたうえで、外向型の子供を伸ばすための以下の方法を見てみよう。

①話す相手を確保させる

外向型の子供は他者を必要とする。話をし、経験を人に語り、感じたことをすぐその場で発表することは、彼らにエネルギーを与える。絶え間ないおしゃべりは、家族にとって重荷となるかもしれない。だから、子供が家族以外の人々とよい関係を築けるように手を貸そう。また、外向型の子供は、特に思春期には徒党を組む恐れがあるので、早い時期から、独自の興味を育ててあげるようにしよう。

これまでの研究から、何かに強い興味を持っているティーンエイジャーは非行に走りにくいことがわかっている。何が子供を活気づけるかを考え、その興味を追いかけるよう励ますことだ。

子供の話し相手になってくれる知識のある人を見つけよう。たとえば、あなたの娘が写真に興味を持っているなら、地元の写真館の店主などが適材だろう。あるいは、写真家の友人が撮影に行くとき、娘を同行させてもらったり、彼女の名前で写真誌の定期購読を申しこんだりしてもいい。子供が充分な知識を得たころを見計らって、その子の趣味のどういう点がいちばん魅力的なのか、家族の前で食後に発表してもらおう。

② 意見や感想を与える

外向型の子供は他者からの反応を必要とする。「えらいぞ」というかけ声は大切だ。ちょっとした励ましの言葉で、彼らは高く舞い上がる。子供はみんな、自己が反映されること、自分という存在に対する反響を求めているが、外向型の子供には特にこれが重要だ。それによって、彼らは自分の行動をよりよく理解できるようになる。「ジェイコブと遊べなくて悲しそうだったね。明日、遊べるかどうか聞いてごらん」外向型の子供は、内向型の子供ほど内省的ではない。彼らがこの能力を伸ばすには助けが必要だ。感情が行動とちがうことを理解するのは、彼らにとって大事なことである。感情は内部の状態であり、考える対象にもなりうる。ぼくはぴりぴりしている。なぜだろう？　そう考えれば、つぎにどんな行動をとるか選ぶことができる。

「あなたもやりたかったけど、ショーンの番が終わるまで待ってあげたのよね。いいお友達だわ」「自分ばかりしゃべっていて、お友達の話を聞いてあげないのって、どうなのかな？」「あなたは急いでいたのに、キャシーを先に通してあげたでしょう？　いいことよ」こういった感想は、子供の衝動性を抑え、内省の能力――行動する前にまず考える力――を育てる。意見や感想を述べるときは、サンドウィッチ方式を用いるとよい。まず肯定的なことを言い、否定的なことを付け加え、最後は肯定的なことで締めくくろう。他者からの反応は、外向型の子供に燃料を補給する。

③声に出して考えさせる

外向型は、話すことによって考える。彼らが考えや感情を整理するのには、聞き手となる他者が欠かせない。反応は必ずしも必要ない。単なる反響板でよい場合もある。ただ聞いていてほしいのか、それとも、質問したり案を出したりしたほうがいいのか、子供にたずねてみよう（ただ聞いているときも、その子の考えや疑問に対する好意的態度が必ず伝わるようにしよう）。

外向型の子供は、ひとりごとを言うことがある。そのほうが彼らには自分の心がよく聞こえるのだ。自分の不安や心配について話をさせ、その考えを共有しよう。彼らは声に出して情報を処理しているのである。また、彼らは質問もたくさんするだろう。そんなときは、答えたいと思う分だけ答えてあげよう。でも制限を設けてもかまわない。「質問はあとふたつまでね。夕飯の支度をしないといけないから」

④つねに活動的に、そしてときどき静かな時間を

刺激は、外向型人間にとって不可欠なものだ。彼らには、すること、行く場所、会う相手が必

要なのである。彼らの姿勢はこうだ――時は消耗品。ただのらくらしている場合じゃない。外向型の子供の多くは、何事も逃したがらない。これは親にとって――その親が外向型であっても――ひどく疲れることだ。たとえ子供がペースを落としたがらなくても、静かな時間を設けさせよう。「午後の二時から三時まで、お休みをとりなさい。テープで音楽やお話を聞いてもいいし、本を一章読んでもいいわよ」ひとりの時間の効用を子供に気づかせてあげよう。「読書タイムのあとは、いつもよりリラックスしているみたいよ。体はどんな感じ？」

子供がひとりで遊んだり、空想にふけったり、くつろいでいたら、静かな時間を過ごしてくれてうれしいと本人に伝えよう。子供の活動を見直し、予定がいっぱいになっていないか確かめよう。外向型の子供もときには手一杯になる。彼らには内を向く練習をする機会が必要なのだ。

あなたが外向型の子供を持つ内向型の親だったら

内向型の親にとって、外向型の子供は喜びにも災いにもなりうる。彼らは外の世界に夢中で、いつも意欲にあふれている。ありとあらゆることをやってみたがり、あなたのそばにすわってその日の出来事を逐一話したがる。あなたたち親子のそれぞれの気質は、ちがっていることのすばらしさを早期に学ぶ絶好の機会を子供に与えている。あなたは物理的な触れ合いに対する欲求が子供よりはるかに小さい。だから子供をぎゅっと抱きしめて、愛しているけれど、いまはもう少しスペースがほしいと話そう。

わたしがインタビューした内向型のお母さん、ナンシーはこう言っていた。「うちの娘のヴィクトリアは、学校のあらゆる活動に参加したがるんです。何事も逃すまいとして。わたしにはとてもついていけません。それで、気がとがめてしかたないんです」ありのままの自分であることに罪悪感を抱くのはやめよう。あまり盛りだくさんだと、あなたは消耗してしまう。また、あなたがエネルギーを補給するためには、休むことが必要なのだ。大事なのは、その事実を子供に説明することだ。その子の生活にかかわるのが大好きだということ、でも、ウサギとカメのペースがちがうように、あなたたちのペースはちがうのだということを理解させてあげよう。

たとえば、毎月ふたつ、スポーツの試合を見にいくと言い、そのふたつを子供に自由に選ばせてもいい。参加できない活動については、話を聞かせてほしいと言おう。ただし制限を設けること。ナンシーにすすめたのは、一週間の活動を録音するように娘にたのみ、日曜日の夕食後に（おもちゃのマイクを使うなどして）家族のみんなにリポートさせるという方法だ。

わたしのクライアントのひとり、ケヴィンは、息子のジョシュがなぜもっと家にいようとしないのか理解できずにいた。お父さんが学校へお迎えにいくと、ジョシュの口から真っ先に飛び出す言葉は、「これからどこへ行くの?」なのだ。ケヴィンが「うちだよ」と言うと、ジョシュはうめき声をあげ、車のシートにぐったりもたれる。「おかげでわたしは、悪い父親だという気分になるんです」ケヴィンは言った。「なぜあの子は、家族といっしょにいたがらないんでしょうか」

子供の気質に傷ついてはならない。

彼らはあなたを拒絶しているわけではない。ただ充電したいだけなのだ。彼らもあなたと同様、枯渇するのを恐れている。それを忘れないこと。あなたの息子にこう言おう。「まだうちに帰りたくないんだね。帰り道、ずっと歌を歌っていこうか。それとも、交通標識のアルファベットを交替でさがしていこうか。さあそっちから。まずAだよ」

子供がすぐに乗ってこなくても、率先して歌ったり、ゲームをしたりすることだ。たいていの子供は、そのうち参加してくる。外向型の子供はどんどん肯定してあげよう。あなたが指摘しなければ、彼らは自分のよい面（あなたには明々白々に思えること）に気づかないかもしれない。

外向型の子供をしつけるには

外向型の子供は、お天気のように、さまざまな気分を見せる。舞い上がったり落ちこんだり。ときとして彼らは、他人の気持ちに気づかない。親の怒りを無視することもある。親が怒れば、しばらくは後悔するだろう。彼らは明るく肯定してもらうのが好きだから。しかし内向的な子供とちがって、その出来事をもう一度考えることはないかもしれない。外向型の子供にとって、それは広がっては消えていく雷雲のようなもの——もうすんだことで、かたがついているのだ。

彼らに対するときは、あなたがなぜ怒っているかきちんとわからせることが大切だ。ふたりきりで子供と話し、何がいけなかったかを具体的に教えよう。子供の目を見て、きっぱりした口調で話すこと。説明は短く、具体的に。「あなたがリンジーから絵筆を取りあげたのを怒っているの」そして、つぎにどうすればいいかを話す。「リンジーにあやまりなさい。あの子はあの筆で仕上げをしようとしていたんだから。そのつぎがあなたの番でしょう」

しばらくしてから、非難や批判を交えずに、あの場合とりえた他の手段を考えてみたかたずねよう。子供に手を貸し、自分の行動をじっくり振り返らせよう。言い合いにならないよう注意すること。外向型の子供の多くは弁が立つので、あなたは言い負かされてしまうかもしれない。冷静さを保ち、つねに主導権を握っていること。「あなたが大好きだけれど、あのやりかたは認められないわ」だれしもときには自分の行動を振り返ってみなければならない。そのことを子供に教えよう。お父さんやお母さんもそうなのだ、と。

内向性について子供と話し合う

心身の働きかたとそのコントロール法についての話し合いは、内向型の子供が幼いころから始めるべきだ。考えたり、感じたり、動いたりするために、わたしたちの体はエネルギーを必要とする。あなたの子供がエネルギーや快感ややる気をどこから得ているかについて、本人と話をしよう。ある人々は、エネルギーを蓄えるのにたくさんのプライベート・タイムを必要とする。また、ある人々は外の世界へ出かけることでエネルギーを得る。そのことを説明しよう。あなたがどのようにエネルギーを得ているか、自分の体験を例に挙げるとよい。

自分の体の状態を子供が話せるように手を貸し、気質の体温を測ることを教えよう。まず、いつ休息や活動が必要かに注意することから始めるとよい。あなたの印象を子供に話して聞かせよう。「チェルシーのパーティー、楽しかったけど、あとで疲れが出ちゃったね。自分でそのことに気がついた？」他の子たちとのちがいを子供に観察させよう。「ピクニックの帰り道、テイラーは眠っちゃったけど、セアラはずっとしゃべったり歌ったりしていたね。ふたりは、必要とするものや気質がちがうのよ」

心の働きかたにも、やはりちがいがある。子供にこう説明しよう。「ある人たちは考えるのがすごく速いし、早口でしゃべるでしょう？　でもあなたみたいに、自分がどう感じたかじっくり考えなきゃならない人もいるの。考える時間があれば、自分の言いたいこともわかる。それに、気分もよくなるしね。蝶のコレクションに何時間も集中したあと、あなたはいい気分になるでしょう。でも人によっては、そんなに長くひとつのことに集中していると疲れてしまうの。そういう人たちは、忙しくしているほうが好きなのよ」

子供とともにチームとして取り組んでいこう。困難を予測し、彼らにそのための備えをさせよう。あなた自身や家族のみんなの気質について話し合い、内向型でも外向型でも別に恥じることはないのだと子供に理解させよう。むずかしいのは、回避という対処法に走らせずに、自己に対する理解へと彼らを導くことだ。ときとして彼らは、過剰な刺激を感じてしまう。そんなときは、深く息を吸い、休息をとって、気を鎮めることをすすめよう。

過保護にならないこと。また、子供がひとりで対処することを期待してもいけない。子供にいちばん必要なのは、親にはなんでも話せるという安心感なのだ。自分の長所や限界を親が理解しているという確信があれば、子供は成熟した大人に育つ。子供のエネルギーの変動についてつねにその子と対話を（あなたのほうが主たる聞き役となって）持ちつづけよう。親もいっしょに取り組んでいるという感覚は、大いに彼らを力づける。これこそが、成長過程のごく自然な苦しみに向き合うとき、あなたが子供に与えうる最高のサポートなのだ。

まず、子供の気質を肯定すること

世の中のあらゆる危険から我が子をまもることはできない。しかしわたしたち親は、子供たちが自分自身をどう思うかを左右することができる。彼らがまだ幼いうちに、自らの気質を理解し、その価値を認められるよう導くことができるのだ（この章ですでに述べたとおり、自分の気質の違いを測れるようになれば、そのスキルは彼らの武器となる）。親はまた、他の人の気質を尊重するよう子供に教えることもできる。わたしたちが子供との強い絆《きずな》を利用して、その天性がはぐくまれるよう手助けすれば、彼らは品性ある大人に育つためのたしかな礎《いしずえ》を得る。品性とは、その人が生まれながらの気質をどう用いるかだ。それはわたしたちがコントロールしうる領域なのである。

わたしたちの子供はその天分や能力を建設的に用いているだろうか？　それとも破壊的に用いているだろうか？　すべての子供が、誠実さ、好奇心、思いやり、愛し愛される能力、内面の長所を開花させる力を持つ大人へと育てば、この世の中はもっとよくなることだろう。

第6章　人づきあい――内向型人間がパーティーを楽しむ方法

よい人生をつかむためには、自分自身になる必要がある

――ビル・ジャクソン

　会場内は人の海。騒々しい話し声で耳が痛い。わたしは安全な隅っこをさがして、あたりを見回す。胃がきゅっと縮み、息遣いが速くなる。逃げ出したい。夫のマイクは、友達に声をかけにいった。彼は活気づいている。パーティーが大好きだから。人の群れの間を縫って歩き、あちこちに会釈し、笑顔を見せている。

　わたしがまっすぐトイレへ向かったのは、そのときだ。しばらくそこに留まって、壁紙やハンドタオルや石鹸をじっくり眺める。設備の整ったトイレほどありがたいものはない。気持ちが楽になっていく。胃の緊張が解け、呼吸も正常にもどる。しばらくすると、平和なトイレをあとにする決心がつく。人の群れのひとつにマイクの禿げ頭を発見。わたしは彼の隣にするりと割りこむ。彼がペプシを渡してくれる。わたしはみんなとおしゃべりする。人の話を聞くのは、いいものだ。笑ったり話したりするのも楽しい。

　ときおり、例のごとく逃げ出したくなり、わたしはふたたびトイレへ行く。ときには、トイレに潜伏する同類に出くわすこともある。わたしたちはお互いに気づき、笑みを交わす。もちろん彼女は、礼を失することなく辞去できるまでの残り時間をカウントダウンしているのだ。まず食事が、つづいてデザートが出てくる。ピーチメルバをふたかじりしたところで、わたしはマイクを振り返ってささやく。「あと五分したら、帰りたいわ」

パーティーでのわたしは、いちばんよくてもこんな具合だ。信じてもらえないかもしれないが、このレベルに達するのにさえ何年もかかっている。社交的な集まりは楽しい――じきに帰れるとわかってさえいれば。まもなくパジャマに着替え、自分の寝室の平和と静けさに浸れるのであれば、社交的集まりにつきものの居心地悪さやエネルギーの流出にもなんとか耐えられる。実際、内向性について理解すればするほど、人づきあいは楽になるようだ。

クライアントとして、または、本書のためのインタビューで、わたしが会った内向型の人の多くは、人間好きであっても、社交的な催しは苦手だった。事実、わたしがトイレに隠れた話をすると、大勢が身に覚えがある様子で笑った。「ああ、あなたもですか？」

わたしのクライアントのエミリーは、ある月曜の朝、入ってくるなり、わたしの前のブランコ椅子にどすんとすわりこんだ。「ああ、お出かけの二日酔いだわ」彼女は笑った。「この週末はふたつも会があったの。すごく楽しかったけど、もうへとへと。どうしてこんなにばてちゃうのかしら？」

内向型の人のほとんどは、人と接するのが上手で、友達や家族とすばらしい関係を築いている。事実、彼らの多くは、ちょうどわたしのように、人とかかわる職業に就いている。では、社交的な集まりがしばしば彼らに、不安や疲労感をもたらすのはなぜなのだろう？

それはきっと、グループ交際には大量のエネルギーが求められるからだ。まず、出かけるための心の準備がエネルギーを奪う。なぜなら、内向型の人は前もっていろいろ考え、あれこれ想像をめぐらす傾向があるからだ。きっと疲れるだろう、居心地悪さや不安を感じるだろう、と彼らは思う。第二に、内向型の人のほとんどは、その場の空気に慣れるまでに長い時間を必要とする。ざわめき、色、音楽、知らない顔、知っている顔、食べ物、飲み物、匂い——すべてが脳への過剰な負担となりうる。最後に、ただ物理的に大勢の人、友達や敵に取り巻かれているだけで、内向型の人のエネルギーは枯渇するのである。

気の利いたやりとり VS 中身のある会話

社交的な集まりで交わされる会話は、ほとんどどれも、外向型人間向けにできていて、彼らにたくさんの刺激をもたらす。しかし内向型の人にとって、それは性に合わない、かなりきついものだ。軽いおしゃべりの話題は、最近のニュース、天気、スポーツなどに集中しがちだ。それはしばしば、騒々しく、対抗意識が強くて、ペースも速い。人々はたいてい、立ったままで話をする。その表情は活気づいており、お互いに目はまっすぐに合わせている。みんなごく自然に、左右の人をさえぎりながらしゃべり、立ち入った質問をたくさんする。話についていけない人は、気づまりになり、居心地悪そうに見える。そういう人は、水を向けられることもなく、みなに見過ごされ、無視されてしまう。

最近わたしは、キャメロンという十三歳の少年の母親から電話をもらった。「キャメロンはセラピストに会いたがっているんです」彼女はそう説明した。「インターネットの情報で自己診断しまして、自分は対人不安だと言うんですよ」やって来たキャメロンは、自らの生活について語った。数分後、明らかとなったのは、キャメロンには友達が――彼を相談相手とする仲間が――大勢いるということだった。「なぜ自分を対人不安だと思うのか教えてくれない？」わたしは言った。「えーとね」彼は言った。「ごくふつうのことで、ぼくにとってはいやなことがすごくいっぱいあるんだ。ビーチへ行くとか、コンサートに行くとか。お昼の人混みとか、授業の前にふざけて騒ぐのとか。いつも仲間に溶けこめないいんだよ。無視されてると感じるか、無理強《じ》いされてる気分なの」本人は気づいていなかったが、キャメロンは自分自身をよく理解していた。

内向型の人は、興味のあることを話題とした一対一の会話によって元気を得る。彼らは、お互いが相手の意見についてじっくり考える、複雑な議論によって（ある程度まで）充電されるのである。わたしはこれを生産性のある会話と見なしている。その過程で新たなアイデアがつぎつぎと生み出されるからだ。こうした発展性のあるおしゃべりは、内向型に向いている。というのも、その間、すわっていられるからだ（立っていると、よけいエネルギーを消耗するうえ、内向型の人はいっそう無防備な気分になる）。また、話すよりも聞くことに重点を置けるし、会話に飛びこむ前に間《ま》をとれるし、さえぎられる頻度も低い。相手との接触を断たれることなく目をそらすことも（もし刺激の量を抑えたければ）可能であり、笑顔はさほど重要でなく、迷惑な立ち入った質問も、さしたる問題にはならない（それには答えても答えなくてもよいのだ）。さらに、自分が目立ちすぎているとか、影が薄いなどと感じることもない。一対一の会話なら、話を引き出してもらえることも多く、前置き抜きで何か言えば、たいてい相手はそれに対して質問をしてくる。また、あの恐ろしい思考停止におちいっても、なんの支障もなくこう言える。「あれ？　いま何を言おうとしていたんだっけ？」

大勢の場がいつも苦手なわけではない

内向型の人にとって不可解なのは、ときには自分も、出席者が三々五々群れて立つ、混雑した騒々しい会を楽しめること、そして、それによって元気が得られることである。ところが、つぎのときには、彼らは消耗してしまう。いったいどうなっているんだろう？　内向型の人のほとんどは、交わりを楽しむべきだと思っているので、なぜいつも元気になれないのか疑問に思う（外向型の人は、多少内向きな気分になっても、「休息が必要なんだな」と思うだけだ。彼らはもともと交わりが好きなので、たとえへたばってもそれについては深く考えない。そのことでは、さほど動揺も混乱もしないようだ）。

実を言えば、人間はみな生まれつき、外向きにも内向きにもなれる生理的能力を備えている。条件が整えば（その理由は必ずしもはっきりしないが）、わたしたちの体と脳はある程度の外向性を発揮する。事実、内向型の人もときには、ちょっとした無駄話を楽しんだり、はめをはずして遊んだりすることがある。しかし、もしあなたが連続体の内向型寄りにいるのなら、会合に出かけたあとはたいてい休養が必要になるだろう。

パーティーに行くべきか、行かざるべきか

内向型の人はしばしば、社交的な集まりに出席するかしないかでひどく頭を悩ます。わたしたちは、どうすべきかにとらわれて、自分がどうしたいかを考えるのを忘れがちだ。もちろん、選択の余地がない場合もある。たとえば、仕事がらみの行事、親族の集まり、親友の結婚式などだ。しかし場合によっては、わたしたちには選択肢がある。

シャイに関する大半の著書の教えには反するが、身のまわりで行われるありとあらゆる催しに出席する必要はない。とはいえ、すべての会を避けていれば、きっとあなたは疎外感を味わうことになるだろう。そのうえ、自分が意気地なしに思えるだろうし、楽しめたはずのひとときを逃すことにもなりかねない。

何事においてもそうだが、まんなかの道はある。それはたいてい、いちばん健全な道だ。会合があるときは、必ず、出欠を決めるのに役立つ一連の質問を自分にすることにしよう。数日間、迷ってもかまわない。それは、好ましい選択肢がふたつある証拠だ。自分にこう言うといい。「水曜までに決めて、ハンナに返事をしよう」行かなければ、あなたは後悔するかもしれない。でも、それでいいのだ。別にまちがった選択をしたことにはならない。自分に選択肢を与える練習を重

ねれば、自分にもほんとうに出席したいときのあることがわかってくるだろう。

以下に、パーティーへの出欠の決め手となりそうな、自分への質問を挙げておこう。

●この集まりは、自分やパートナーのキャリアのためになるだろうか？

●このイベントは、自分にとって大事なもの——たとえば、価値を認めている慈善事業の寄付集め、支持している政治家のための集会、親しい友人が主催するパーティーなど——だろうか？

●これは一回限りの会だろうか、それとも、またの機会もあるのだろうか？

●規模は大きいのか、小さいのか、あるいは中くらいなのだろうか？

●自分の知り合いは、大勢来るのか、数人なのか、それとも、まったくいないのだろうか？

●出席しなかった場合、自分が好意を持っているだれかを傷つけることになるだろうか？

●社交的な集まりへの参加は、近ごろ、多すぎるだろうか、少なすぎるだろうか？

ときおり、社交のレパートリーを増やし、少しきつめのおつきあいにも挑戦しよう。たとえば、その会があなたや配偶者にとって仕事上、重要なものだったら、少しだけ顔を出すことを考えてみよう。会う必要のある人、たとえば上司とだけ話をし、その後、辞去するという手もある。ちょっと顔を出して、さっと帰るのは、少しも悪いことではない。もし楽しめるようなら、そのまま留まればよいのだ。

如才ない辞退のテクニック

内向型の人は、社交的な集まりに出席する気になれないことに、うしろめたさやきまり悪さを覚えがちだ。その結果、招待をことわるとき、実はひどく気にしているのに、そっけなく見えたり、無頓着な印象を与えたりする。ときには、ことわるのがいやなあまり、出欠の返事をしないこともある。これでは事態を悪くするばかりだ。

如才のないことわりかたを身につければ、招待者もはねつけられたと感じずにすむ。要は、招待に感謝し、出席できるかできないかを述べ、もしまた誘ってほしいなら、相手がつぎのときにあなたを誘いやすいようにすることだ。

嘘も方便ということをお忘れなく。内向型の人の多くは真正直だが、それが本人のためになるとはかぎらない。たとえば、もしもあなたがパーティーへの招待を「それだけのエネルギーがありませんので」とことわったら、招待した側はきっと腹を立てるだろう。イギリスの作家ジェーン・オースティンがかつて言ったように、この社会に生きる以上、わたしたちはときおり人間関係という車輪に油を差さなくてはならない。さもないと、それはおかしくなってしまうのだ。

つぎに、シンプルながら如才ないことわりかたをいくつか挙げておこう。

●「ご招待ありがとうございます。残念ですが、都合がつきません」（必ずしも理由を述べ

る必要はない）

●「ああ、残念、その日はだめなんです。次回はぜひ参加させてください」

●「お招きありがとう。そのあと行くところがあるんですが、お目にかかれるせっかくのチャンスですから、ちょっとだけ顔を出させていただきます。何か持っていくものはありますか？」

大切なのはエネルギーを蓄えること

街で過ごす夜に向け、前もってエネルギーを蓄えておくのは大切なことだ。水力を利用するために川の流れをせき止めるダムと同じで、あなたも外に向かって過ごすためのエネルギーをためておかねばならない。いくつか助言をしておこう。

●一週間にあまり多くの予定をつめこまない。

●会合の前には、散歩や読書や昼寝をするか、自然のなかでくつろぐこと。

●パーティーのことで不安になったら、たくさん水を飲み、深呼吸しよう。

●家を出る前に、力をつけるためにタンパク質をとろう。

●翌日の午前中に充電のための時間を確保しておくこと。

〝取り越し苦労〟は内向型の得意わざ

内向型の人の多くは取り越し苦労をする。前もって起こりうる災厄を予測したり、前回出かけたときどんなに疲れたかを思い出したりするのだ。これによって、パーティーに対する不安はますますふくらむ。もしもあなたがシャツにシュリンプソースをこぼす自分の姿を思い描いたり、結婚式のあと、とぼとぼ家路をたどる自分を想像したりしているのなら、その不安から気をそらすよう努めることだ。

- 自分にこう言い聞かせよう——「きっと楽しく過ごせる。何があってもちゃんと対処できる」
- かつて楽しい会に出席していたときの自分の姿を思い浮かべよう。
- その会で会えるはずの友達のことを考えよう。
- あなたはエネルギー量を調節することができる。そのことを自分に思い出させよう。

パーティー会場に到着したときの戦略

社交の場に入っていくときも、別に外向型の人と同じように入場する必要はないのだと思えば、いくらか気が楽になるだろう。あなたは内向型らしく段階的に、まずしばらく様子を見てから、そこへ入っていけばよい。ちょうど深海ダイバーが海面への上昇速度をコントロールするように、徐々に場の雰囲気に自分を慣らし、人づきあいの〝減圧症〟を緩和しよう。一歩一歩ゆっくりと、お祭り騒ぎに入っていこう。

●ドアに近づくとき、たぶん自分が緊張することを思い出そう（ドキドキしてもいいのだと自分に言い聞かせること）。二度、深く大きく息を吸ってから、ベルを鳴らそう。
●なかに入ったらすぐに、会場全体が見渡せる、安全な止まり木を見つけよう（たとえば、暖炉のそばのソファの肘かけにお尻を載せる、など）。
●招待者をさがし出して挨拶し、何か手伝うことがないかたずねてみよう（通常、人は手を貸すことで仲間の一員だと感じることができる）。
●あたりを観察しながら、自分の心の状態に注意を向けよう。あなたは適応しはじめているだろうか？

内向型人間が社交で成功するための七つの戦略

さて、パーティーへの潜入に成功したら、おつぎはちょっと人と交わってみる番だ。でもどうやって？　ほとんどの人はまっすぐ友達のところへ向かう——知り合いのだれかとくっついて過ごすのだ。でも、知っている人がひとりもいなかったら？　友達がみんな他の人と話していたら？　あるいは、知らない人と知り合いになりたかったら？　つぎに、人と簡単に知り合いになるための戦術をご紹介しよう。

①イソギンチャク作戦

内向型のパトリックは、ワシントンＤＣでの会議に出席し、ごった返す人混みに足を踏み入れた。知り合いはひとりもいない。大勢のビジネスマンに取り巻かれ、もみくちゃにされるうちに、彼は腕の皮膚や胸の内側がぞくぞくしてきた。幸い、こんな場合の対処法ならわかっていた。そこで、深呼吸をひとつすると――そのまま部屋をあとにした。彼はぶらぶらと二階へ上がっていき、バルコニーに出た。そこには、クッションのふくれあがった椅子がいくつかあった。彼はそのひとつに腰を落ち着け、眼下でうごめく人々を眺めだした。しばらくすると、下の雑踏から何人か他の脱出者たちが上がってきた。まもなくその人たちもみんなすわり、一同は内向型人間のペースでおしゃべりを始めた。

わたしはこの方法をイソギンチャク戦術と名付け、大きな集まりでよく使っている。イソギンチャクは岩にくっついたまま、海流に乗って触手を揺らしている。やがてご馳走が向こうから漂ってくる。イソギンチャクはそれをおびき寄せるのだ。

パーティーで、隅の一カ所や見晴らしのよい場所に店をかまえるとき、わたしはいつもこのイソギンチャクのような気分になる。わたしにとっては、会場内をさまよい歩くよりも、自分の岩にくっついてすわっているほうがずっと心地よい。そして、遅かれ早かれ、きっとだれかが漂ってくる。こちらが感じよくちょっとほほえめば、たいていの人はふたことみこと言葉を交わそうと足を止める。しばらく留まる人もいれば、すぐ立ち去っていく人もいる。じきにまた別の人がおしゃべりをしにぷかぷかと寄ってくる。

②自信がある〝ふり〟をする

大学院で心理療法士になる勉強をしていたとき、わたしは「その〝ふり〟をせよ」と教わった。それは、新しい技能や新しい役割がすっかり身につくまでの対処法である。ちゃんとやりかたを心得ていて、確信があるふりをしていれば、そのうち、「わたしにはできる」と思えるようになる。言い換えるなら、できるようになるまでまねごとをしろということだ。最初わたしは、教授たちにいらだちを覚えた。冗談でしょう？　こんな重要な仕事なのに、どうしてまねごとなんてできるのよ？　まもなくわたしは、未経験の心理療法士である自分には、〝ふり〟をするという手しかないことに気づいた。それは強力な武器であり、役に立った。

内向型の人の多くは、本物であることを重んじる。わたしもそうだ。だからわたしには、自分の〝演技〟のなかにどんな真実が含まれているかを思い起こす必要があった。以下は、わたしが思いついたポイントである。

●わたしには話を聞くことができる。

●わたしには聞いた話に反応することができる。
●言うべきことは、最終的に必ず頭に浮かんでくる。たとえそれが「次週、その話をもっと聞かせてください」というだけであっても。
●わたしの意図は、相手の助けとなることだ。

そこでわたしは、セラピーの間は、〝聞くモード〟に入るようにした。するとまもなく、補助輪がついていないのを知らずに自転車に乗っている子供のように、わたしも〝ふり〟という補助輪なしでも、セラピストをやれそうな気がしてきた。

この経験は、社交面にどう応用できるだろうか？　パーティーや集会に入っていくとき、自信に満ちたお客の〝ふり〟をしてみてはどうだろう？　平静そのものの自分の姿を想像し、また、以前堂々たる態度でみなと接したときのことを思い出そう。「できるようになるまで、まねごとをするぞ」という姿勢で臨むことだ。見知らぬ人たちにほほえみかけ、出席者らを見渡し、彼らに興味を持とう。内心びくびくしていても、傍目《はため》には平静に見えるのだ、と自分に言い聞かせよう。

人の目に映るあなたは、あなたの心中とはちがっている。自分に興味深い話のネタがたくさんあることを思い出そう。だれかと目を合わせ、そのグループに加わろう。あなたには、他の人の話を聞くことができる。それに対してコメントすることもできるし、自分の考えを付け加えることもできる。しばらくしたら、別のグループへ移ってもいい。まもなく、補助輪は浮き上がり、あなたの気分ははるかに楽になるはずだ。つねに完璧にはいかないかもしれない。

出だしはあのいやな緊張感――胸一杯の激しい不安――を感じるだろうし、気づまりな瞬間もあるだろう。でも全般的には、まずまずうまくいくはずだ。そして、自信のある〝ふり〟をすればするほど、度胸はついていく。なぜなら、このわざの極意は、〝ふり〟をするあなたはすでにあなたの一部だと気づくことなのだから。それは、怖がっていないあなたなのだ！

③小道具できっかけづくり

内向型の友人のひとりが、ある気の利いた方法を教えてくれた。彼女はパーティーに行くとき、小道具を身につけるという。たいていの場合、それはミニチュア・フィギュアがたくさんぶら下がったセラミックのネックレスだ。一方のネックレスには、じゃれている猫の群れ。もう一方には、元気よく飛びはねながらぐるぐる首を回すダンサーたち。どちらも、風変わりな、興味をそそる連中だ。人々はその奇抜なフィギュアについて質問をしてくる。それはなんですか？　そのネックレス、どこで手に入れたんですか？　こうして会話が始まる。他の出席者もまた、注目すべきものや話の種が見つかってほっとするのだ。

最初は、小道具など持っていると、人目を引きすぎて、ますます刺激過剰になるような気がするかもしれない。しかしわたしのクライアントたちは、その恐れはないことを知った。小道具の効用は、あなたではなくその小道具に注意を引きつけることなのだ。

飾りピン、古い政治運動のバッジ、小さな写真の入ったロケット、おかしな帽子、めずらしい髪飾り、特別な指輪や腕時計を身につけるのは、楽しいものだ。わたしはクマのプーさんの腕時計（プーさんがハチたちから逃げている）を持っているが、実際いろいろな人にこう言われてきた。「クマのプーさんの腕時計をしてるんだもの、あなたが悪い人のはずはありませんよ」他に持っているのは、おもしろソックスのひとそろい。ズボンの裾からわずかにのぞくそのソックスに、どれほど多くの人が気づくかは驚くばかりだ。わたしはまた、きらきらする飾りやラインストーンのついた靴を履くのも好きだ。それらの靴もたいてい、二、三のコメントを引き出してくれる。夫のマイクは、アニメのキャラクターのついたネクタイを一式持っている。それを見ると、人々はすぐ自分の好きな漫画のキャラクターについておしゃべりを始める。ふたつ三つコメントがほしいだけなら、何か目立たないものを選ぶといい。うまく選べば、その小道具は、あなたにぴったりの話し相手を吸い寄せてくれるだろう。

わたしはユーモアのセンスのある人が好きなので、グルーチョのメガネや、垂れ耳のビーグルのソックスを笑ってくれる人にはたいてい好感を抱く。そして周囲の人々は、わたしの小道具を見て、この人は大丈夫だと感じる。クライアントが子供の場合、わたしはセラピーの初回はいつもミッキーマウスのウエストポーチをつけている。子供たちは、まずそのポーチに、それからわたしに、たちまち心を開いてくれる。

ペットや子供も、すばらしい小道具になる（もちろん、それ以上のものでもあるが）。もうひとつのいい小道具は、カメラだ。社交的な集まりで写真を撮っている人は、多くの場合、いちばん居心地悪さを感じている人なのだ。注目の的となっている内向型の人の多くは――ゴア夫人がいい例だ――写真を撮ることで安心感を得る。彼らは、会話からは外れ、なおかつ、グループ内には留まれるよう、距離を置いて観察するという内向型の能力を活かしているのだ。これは、刺激を調節する賢いやりかただ。

④ とにかく感じのよい顔で！

本章の冒頭で述べたように、他人との交流には、内向型の人にとってとりわけ厄介な要素がいくつかある。すなわち、目を合わせる、世間話をする、いいタイミングでほほえむ、ばつの悪い瞬間（たとえば、友達の名前を忘れた場合など）を取りつくろう、といったことだ。だが外向型の人でも、知らない人といて、気まずさを覚えることはある。それを忘れないこと。目を合わせれば刺激が増すので、わたしたち内向型は、相手の視線を避けがちだ。刺激のレベルを下げるために目をそらすことは、かまわない。大事なのは、いつそらすかだ。以下に、いくつか助言をしておこう。

- 相手があなたに話しかけているときは、まっすぐその人を見ること。
- 自分が話しているときは、会話から抜けたと思われずに目をそらすことができる。
- 言葉を強調するために、目を合わせよう。じっと相手を見ると、あなたの発言を印象づけることができる。

人は、聞き手が自分の言ったことに反応してくれると喜ぶ。ひとことも言わなくても、興味を持っていることは伝えられる。あなたは、口だけでなく、目でほほえむこともできるのだ。

人間がほほえみ、表情をつくるのは、他者を引きこむためだ。内向型の人は、多くの場合、内的世界に没頭していて、外からの反応を求めない。結果として、表情も笑顔もない静かな顔になりがちだ。生き生きした表情をつくれば、よけい刺激を招くことになり、集中が妨げられる。自覚はないものの、彼らはそのことを知っているのだ。しかし、表情の欠如は、感じのよい顔を懸命にさがしているパーティーの出席者たちを遠ざけるだろうし、怖じ気づかせる恐れさえある。その一方、極端に走ってしょっちゅう笑顔を見せていたら、物静かな人やシャイな人はあなたを自信過剰なやつと受け止めるかもしれない。

だから、ほのかにほほえむすべを身につけよう。最初は口を閉じたままほほえむ。相手と親しくなってきたら、少し歯を見せてもいい。ところで研究によれば、わたしたちの気分はほほえむことによって、実際、明るくなるという。それは、脳内の〝気分高揚〟物質に作用するのだ。

⑤世間話のテクニック

内向型の人の多くは、世間話にだれでも学べるロジックがあることに気づいていない。世間話は、四つの句――起承転結――からできている。

まずは「起」、会話をはじめるテクニックだ。

「そなえよつねに」とはボーイスカウトのモットーだが、パーティーでの会話にも、備えは有効だ。会議、パーティー、その他の集まりに出席する前は、雑誌や新聞を読んだり、テレビの人気番組や映画を見たりして、話の種を仕入れよう。最近の政治問題について勉強しなおし、コメント、意見、質問を用意しよう。研究によれば、会話中のグループに加わりたいなら、いちばんいい方法はその話題について質問をすることだという。グループのなかに割りこんで話題を変えようなどとしないこと。その人たちは、脅威を感じるかもしれない。

起の句は、他の人を話に招き入れる開放型の中立的な質問だ。自分自身やパーティーについてひとこと述べるせりふを、いくつか書き留めておこう。ちょうどオードブルのように、これらのせりふは食欲をそそり、他の人々に話すきっかけを与える。鏡の前で、または、友達を相手に、そういったせりふを練習しよう。以下に、いくつか例を挙げておく。

- 「どうも、マーティです。ホストのかたとはどういうお知り合いですか？」
- 「いま演奏中の曲、とってもいいですね。曲名をご存じじゃありませんか？」
- 「そのお料理はどうですか？」
- 「このお庭、とてもきれいですね」

つづいて「承」、会話をつづかせるようなひとことを覚えよう。

適切な質問によって、話を発展させるとよい。承のポイントは、人に意見やコメントを求めることだ。たとえば、話題が最新の大ヒット映画やテレビの人気番組だとしたら、こんな質問を。

● 「その映画、見ました？」
● 「どういう話なんですか？」
● 「どんなところがよかったですか？」

そして「転」、会話をうまい方向へ進めよう。

内向型の人は、無駄話の最中に、よく落ち着かない気分になる。話がしぼみだしたり、気づまりな方向へ向かったり、あまりにプライベートなことに及んだりすると、気分が悪くなることさえある。そんなときは、舵《かじ》の存在を思い出すとよい。それを使って話を操縦し、岩にぶつかって壊れる前に安全な岸辺へと向かわせよう。話を前にもどすのもひとつの手だ。

たとえば、こんなふうに。

● 「学校の先生だとおっしゃいましたよね。何年生を教えていらっしゃるんですか？」
● 「休暇のことを話していらしたけれど、どちらへ行かれたんでしょう？」
● 「さっき息子さんがいるとおっしゃっていましたね。おいくつなんですか？」

会話中の気づまりな瞬間は、そろそろ移動する頃合いであることを示しているのかもしれない。話がしぼむどころか息絶えかけているのなら、蘇生させようなどとしないこと。相手が立ち入った質問をしてきたりひどく詮索好きで、なおかつ、こちらの気持ちに気づかないようなら、橋を架ける努力はやめよう。また、一方が抜け出したがっているときの、あのぎこちない空気が生まれたら、話を切りあげよう。

そして「結」――ついに会話は終わりを迎える。

社交に関する研究は、立ち話をするグループの持続時間が、平均して五分から二十分、最長でも三十分であることを示している。だから、話し相手がよそのグループへ移っても、傷ついてはいけない。それは生き物の自然な姿らしい。「お話しできてよかった。残念ですが、もう行かなくては。あそこにジェイクがいるので。彼に話があるんです」ほんとうに楽しかったなら、あとでまた話をすることもできる。そうしたければ、別れ際に、その人の電話番号か名刺をもらってもよい。「そのうちいっしょにお茶でも飲みたいですね。お電話してもいいですか?」

相手がひとりでもグループでも、立ち去るときには必ず何かひとこと言おう。幽霊のように、すうっと消えてはいけない。別れの言葉は、簡潔に。つぎのせりふは、会話から抜け出すとき役に立つ。使ってみよう。また、話し相手があなたに対してそのせりふを使っても、傷ついたりしないこと。

- ●「お話しできて楽しかったです。あそこに上司がいるので、挨拶してきますね」
- ●「ちょっと失礼。子供に電話する約束なので」
- ●「すみません、飲み物をもらってきます。あとでまたお話ししましょう」

●「トイレはあそこですか？　どうも」

逆に、置き去りにされる側になったら、何か短く感じのいいことを言って、相手を解放しよう。

●「お話しできてよかったですよ」
●「お目にかかれてよかったです」
●「楽しかったです」

⑥ピンチを切り抜ける

おしゃべりを円滑にするこうした戦術を採り入れ、万全の態勢で臨んだのに、それでも限界にいたったり、思考停止におちいったり、イライラしはじめたりしたら？　〝応急処置〟としてできることはなんだろう？　以下に、むずかしい状況下で絶対に効く方法をいくつか紹介しておこう。これらは、あなたの〝手一杯〟感と不安とを和らげてくれるはずだ。

●数回、深呼吸する。これは必ず効く。
●トイレ休憩をとる。数分間、濡れタオルを額に当てて、目を閉じる。
●自分に「これはわたしじゃない」と言い聞かせる。胃がきりきりしているときは、何度も繰り返しそう唱え、すぐよくなると自分に言う。

●友達かパートナーに、しばらくいっしょに外を歩いてほしいとたのむ。
●いよいよ力尽きて、帰るしかなくなったら、パートナーにそう知らせる。あらかじめ、合図を考えておくとよい。

他の人がひと息入れたいときどうしているか、自分に余裕があるときに観察しよう。友達にたずねてみれば、さまざまな応急処置的休憩法があることに驚くかもしれない。

⑦自分で自分を追いつめない

パーティーで何かいやなことがあると、わたしたちはその出来事——自分の言ったこと、他人のしたこと——を何度も何度も頭のなかで再現する。

これはもちろん、内なる批判者が、わたしたちのありとあらゆるマナー違反を責め立てているのである——おまえは黙りこんでいた、よけいなことを言いすぎた、愛想がよくなかった、居心地悪さにばかり気を取られていた……。それは、情け容赦のない非難であり、なんとしても阻止せねばならない。

以前、わたしのクライアントに、ロリという名の物理学の教授がいた。ロリのなかには、彼女のあらゆる行動を批判するきわめて厳しい判事がいた。セラピーのなかで、ロリとわたしはその判事のパワーを弱めるよう努めた。やがてロリの頭のなかのイメージは徐々に変わっていった。小槌を打ち鳴らしてはお説教ばかりする、ごましお頭で顔のいかついしゃちこばった黒衣の女が、日焼けした足にゴム草履を引っかけた、アロハシャツ姿の、気楽な指導員に変身したのだ。この寛容で笑顔を絶やさない新しい〝擁護者〟は、花柄の小さなパラソルで飾られたトロピカル・アイスティーを飲みながら、こんなことを言う。「まあ、そう硬くならないで。あんた、よくやったわよ。あたしがおごるから、お茶でも飲みなさい」

何かの会から抜け出したあと、頭のなかで否定的なモノローグがつづいているのに気づいたら、自分を批判している〝判事〟の姿を思い浮かべてみるとよい。まずその人物に「黙れ」と言い、それから、チャンネルを切り替えて、何か好ましいもののこと――ビーチやキャンプファイア、雪や雨の日のことを考えよう。そして最後に、あの批判的な声を、もっと親切で優しくて協力的な声――「あなたはよくやっている」へと変えるのだ。うまくいかなかったら、テレビや映画に出てくる人でもだれでもいい、自分の知っている親切な人物を思い浮かべ、その人に励ましてもらおう。

自分のパーティーはわがままに

パーティーやお祝いやミーティングを自分の家で開くとしたら?　おそらくあなたは、大勢の人が自宅を歩き回ることを想像しただけで刺激過剰となり、あれこれ考えてバッテリーを大幅に消耗させてしまうだろう。だからその会は、なるべく簡便にしよう。とにかくシンプルに。料理は、前もって準備できるものを選ぶか、外に注文するか、持ち寄ってもらう。内向型人間にとって、料理と接客をいっぺんにこなすのは容易ではない。招待状には、開始時間と終了時間を明記すること。お客を選べるようなら、自分の好きな人だけを招こう。人数は、あなたとあなたの家にほどよいように。できることなら、外向型人間ひとりにつき、少なくともふたりの内向型人間を招きたい。

お客たちがお互いに話をしやすくなるように、何か企画を考えよう。わたしは、みんなの交流をうながすようなゲームを用意しておくのが好きだ。特に気に入っているのは、有名な人（または動物）の名前をお客たちの背中にピンで留めるというもの（うちの子たちや友達にもよくやらせる）。名前は、映画や本の登場人物でも、スポーツ界の人でもよい。そのグループにいちばん合った分野から選ぶ。

お客たちには、お互いに「はい」か「いいえ」で答えられる質問をし、自分が背中につけている名前をあてるように言う。「わたしはいまも生きていますか?」「オスカーをもらったことがありますか?」「尻尾がありますか?」「やっているのは、団体スポーツですか?」これまでこの〝有名人ゲーム〟は、あらゆる年齢層の内気で無口な人々を例外なくみごとに打ち解けさせてきた。自分がだれかをあてた人は、馬鹿馬鹿しい賞品を獲得する。

小さな会のときはよく、みんなにグループでやる作業や課題を与える。ポップコーンつなぎ、トウモロコシの皮むき、クリスマスツリーの飾りつけ、バナナスプリットづくり、独自のピザの製作などだ。

軽やかにパーティーをあとにする作戦

パーティーの前に、脱出のプランを立てること。頭のなかで帰る時間を決めておこう。そうすればエネルギーがなくなるのを心配する必要もない。このことは、前もってパートナーと話し合っておくとよい。もしパーティーにもっといたければ、帰る時間を先に延ばすことはいつでもできる（そうなった場合は、そのひとときを味わい、記憶に留めよう。もっといたいという楽しい気分は、あなたにはめったに訪れないかもしれない）。

　可能なかぎり自分の足を持つこと。そうすれば、いつでも好きなときに帰ることができる。身動きがとれなくなる恐れもないだろう。パートナーと別々の車を使うという発想は奇妙に思えるかもしれないが、長い目で見れば賢明なやりかただ。それぞれその気になったときに帰ることができれば、待たされたり、まだ早いのに引きずり出されたりして不満をためこむこともないのだ。

　帰る時間になったら、忘れずに招待者にさよならを言おう。内向型の人は帰るころにはすっかり疲れ果てていて、お礼を言うのを忘れてしまうことがある。

　逃げ出す準備ができたら、以下のようなせりふで退場すればまちがいない。

- 「すごく楽しかったです。名残惜しいのですが、もう行かないと」
- 「ほんとうに楽しかった。みんなに会えてよかったです。招いてくれてありがとう」

●「残念ですが、明日の朝、早いんです。また近いうちに連絡しますね」

もうこれ以上、だれと話すのも耐えられないという気分なら、挨拶しないで立ち去るしかないが、つぎの日には必ず電話をかけるか、Eメールを打つか、お礼状を出すかしよう。電話で話したり、直接顔を合わせたりしなくても、内向型の人が大切な関係を維持し、人と親しくつきあう方法はたくさんある。そのことを忘れずに。

電話恐怖症の対処法

わたしが内向型の人々に送った、彼らの内向性についてたずねるアンケートのなかで、非常に多くの人が電話への恐怖に触れていた。

内向型の人のほとんどは、電話というものをこんなふうに見ている。①エネルギーを奪い、心の集中を断ち切る迷惑なもので、集中力を取りもどす手間を生じさせる。②〝即席で考える〟ことを要求し、エネルギーを消耗させる。③内向型人間には〝快感のヒット〟を与えない。

内向型の人は、日中、何度もエネルギーの急降下を経験しているので、おいそれとエネルギーを使うことはできないのだ。

もしもあなたが電話恐怖症なら、以下の助言を参考にしてほしい。

●応答は留守番電話にさせ、話をする心構えができてから折り返し電話をしよう。わたしのクライアントのセールスマン、マットは、かかってくる電話すべてに直接出ていたら、〝干上がって〟しまうと言っている。そこで彼は、〝電話折り返しタイム〟を設け、そのあと自分にご褒美を与えている。その時間以外は一切、電話をしないのだ。
●じっくり話したい相手でないかぎり、電話は短く切りあげよう。落ち着いたトーンで。また、コードレスやケータイを使っている場合は、話しながら歩き回るとよい。会話を終わらせるときは、こんなふうに言う。「もっと話していたいけど、つぎのクライアントが来るまでに、あと何件か電話をしなきゃならないの。またね」
●電話を取らないこと、つまり、〝ふるいにかける〟ことに、うしろめたさを抱いてはいけない。それはあなたの権利なのだ。電話で鬼ごっこをする（電話をかけてメッセージを残し、相手が折り返してまたメッセージを残す）はめになっても、気にすることはない。〝鬼ごっこ〟のことで嫌みを言う人ほどつかまりにくい傾向がある。なのに彼らは、自分が電話したときは、「そこにいろ」と言うのだ。
●電話嫌いだからと言って、自分を責めてはいけない。それは性格上の欠陥ではないのだ。なぜ電話嫌いなのかを理解することは役に立つ。
●なるべくEメールを利用しよう。

内向型人間は自分で考えているよりずっと社交に向いている

いくつかの研究で示されていることだが、内向型の人は、社交の場で同時に複数のことをこなすのを苦手とする。このことは、他者との交流の際、彼らがしばしば、自らの神経の高ぶりとエネルギー消費の調節に気を取られるあまり、相手が自分にどう反応しているかに気づかないことを意味する。たとえば、内向型の人は、他の人の自分に対する好意に気づかず、そのため、その交流をあまり楽しめないことが多い。

言い換えるなら、だれかがほほえむ、身を乗り出す、質問するなどといった形で好意を示していても、そうした社会的シグナルに気づかないのである（反対に、外向型の人はたいてい、ただちにそれに気づく）。研究者らは、これを社会的シグナルの解読における障害と説明する。この症状はしばしば、内向型の人が会をあとにするときに生じる。彼らは、来たかいがあったのだろうかと悩み、みんなに好かれたと実感することもできない。

次回、愉快な集まりをあとにするときは、大勢の人があなたとのひとときを楽しんだということだけを思い起こそう。事実、内向型の人の大半が社交の場で歓迎されているのを、わたしは知っている。結局、外向型の連中にはよい聞き手が必要なのだ！

第7章　仕事——九時から五時までの脅威

仕事はわたしの前にあり、報酬はつねにわたしの心のなかにあった

——シェーカー教の格言

内向型の人にとって、職場は落とし穴でいっぱいだ。ほとんどの職場は、彼らの快適ゾーン外にある数々のスキルを要求する。内向型の人がしばしば、単独で、または、在宅で働いたり、融通のきく職に就いたりするのは、そのためだ。しかし、内向型の人すべてが、無理のない完璧なニッチで働けるわけではない。したがって、九時から五時までのスケジュールに潜むさまざまな脅威の回避方法を学ぶことは、彼らにとってきわめて重要だ。

数年前、わたしは、地元のある会社から、絶えずもめているふたりの従業員のカウンセリングを依頼された。ジャック（外向型の部長）とカール（内向型の社員）の不和は、それで解決するのではないかと期待されていた。

わたしはまず、カールと話をした。「ジャックはいつも、わたしを質問攻めにするんです。やめてくれ、そんなにせかすな、少し待ってくれ、と言いたいですね。彼は考える時間をくれないし、こっちの意見を聞こうともしない。ただしゃべりまくって、結局、自分のやりかたで仕事を進めることにしてしまうんです。しまいにはこっちは、頭はがんがんするし、胃はきりきり痛みだす始末です。このごろは夜もよく眠れないんです」

つぎにわたしはジャックと話した。「まったくもう、髪をかきむしりたくなりますよ。カールときたら、ひどく引っこみ思案でね。オフィスにこもりきりなんですよ。会議の席でも黙りこくっていて、なんの意見も出さないし。あの男には協調性がないんです」

このふたりがなぜ始終、角突き合わせているのか、わたしにはすぐわかった。一方が外向型で、もう一方が内向型だからだ。どちらも相手を理解していないため、お互いを非難し合う結果となる。これでは、生産的な職場環境は得られない。

オットー・クルーガーとジャネット・トゥーゼンは、その著書『仕事場における性格学入門』で、職場での内向型と外向型のちがいについて述べている。「個性をはっきり打ち出す外向型とちがって、内向型はしばしば自分の最良の部分を隠している。外向型の人を前にすれば、あなたには相手が何者なのかが見える。これに対して、内向型の場合、見えているのはその人物の一部のみだ。内向型の人のもっとも豊かで、もっとも信頼できる部分は、外の世界に明かされるとはかぎらない。彼らの心を開かせるには、時間と信頼関係と特殊な環境が必要なのだ」

なぜ外向型は社内で受けがいいのか？

机に向かってこつこつ働く内向型の人が、外向型の人ほど有能に見えないのは、さほど不思議なことではない。内向型の編集者、ジェインはあるときこんなことを言っていた。「わたしがやっと気を許して話をするようになると、どの人もまったく同じ驚きの表情を見せるんです。みんな、わたしがどれほど専門分野に詳しいかを知って、びっくりするんですよ。黙っているからと言って、無知だということにはならないのにね」

外向型の人は机の前を離れて、みんなのところへ行き、挨拶をする。彼らはつねに社内の噂に通じており、仕事のあとや週末に同僚と交流するのが好きだ。また、多くの場合、親切で、表現も豊かである。自分の手柄について語るのを好み、脚光を浴びるのも厭《いと》わない。それどころか、まぶしい光のただなかにいたがるくらいだ。会議では、どんどんアイデアを出す。人前で話すのが得意だし、電話でやりとりするのも好きだ。なんにでもかかわりたがり、忙しげにあちこち飛び回っている姿がよく見られる。また、決断がすばやく、活発にブレーンストーミングし、ちょっとした舌戦くらいは苦にしない。むしろ、議論は楽しいものと考えている。彼らは、自己の売りこみやネットワークづくりを生まれつき得意とする。自分自身の最高の宣伝屋なのである。

それぞれの光はどこを照らすか

外向型の人は灯台のようだ。その光は外へ、世界へと向けられている。内向型の人はむしろカンテラに似ており、自分のなかで光を輝かせている。自らの炎（エネルギー）をどのように集中させ、注意をどこへ向けるかのちがいは、ことあるごとに両者の間に障害をもたらす。しかしカールの例でわかるように、仕事の場では問題はとりわけ大きくなる。

職場での内向型にありがちなことだが、カールは、わたしが〝光のしまいこみ〟症候群と呼ぶ状態におちいっている。職場での外向型にありがちなことだが、ジャックは、カールの個性を見あやまり（彼にはチームプレイができないと見なし）、その貴重な才能とスキルに気づかずにいる。さらにカールは、その内向的な気質ゆえに、自分の働きがジャックの目に見えないことに気づいていない。これは、よくある行きちがいのかたちだ。カールとジャックがいかにして不和を解決したかは、本章のもっとあとのほうで述べよう。

光の輝きかたが外向型の人とちがうとはいえ、あなたにも、職場での評価を変えることはできる。以下でわたしは、目立たない内向型人間が自らをアピールする法、外向型人間に言い分が届くようコミュニケーション・スキルを高める法、職場でのさまざまなストレスに対処する方法を紹介する。また、内向型のボスについてもひとこと述べる。これらのテーマのなかには、仕事だけでなく、生活のその他の場面でも応用できるものがあるだろう。

同僚や上司に自分の価値を知らしめるのは大事なことだ。それをお忘れなく。

会議で存在感を示す

内向型人間はなぜ会議で発言しないのだろう？　ひとつには、彼らが大きな集団のなかで新しい情報を吸収し、それについて意見をまとめるのを苦手とするということがある。彼らは会議を離れ、データをより分けて整理する時間を必要とする。そのうえで、自らの考えや感情をよみがえらせ、付け加えなくてはならないのだ。ひそかに、彼らは材料を混ぜ合わせ、独創的なアイデアや提案へと凝縮させることができる。だがそれには時間がかかる（脳内のあの長い神経系の経路を覚えているだろうか？）。ちょうどワインをつくったり、パンを焼いたりするようなものだ。それはせかすことのできないプロセスなのである。

第二に、内向型人間は、会議でみなの話を聞くために余分なエネルギーを使わなくてはならない。彼らにとって、外界に集中することは、大量のガソリンを食う四輪駆動車を走らせるようなものである。話すためのエネルギーは、ほとんど残らない。発言して周囲の注意を引くことは、彼らをひどく消耗させる。仮に発言するとしても、彼らは小さな声で、人と目を合わせず、とつとつとしゃべるだろう。同僚たちは注意を払わないかもしれないし、「こいつはあまりわかっていないようだ」と思うかもしれない。

第三に、発言することは、多くの場合、集団のなかで内向型人間の感じる緊張をいっそう高める。このことは、うまくしゃべるのをむずかしくする。内向型人間は、心地よくくつろいでいるときでないと、すらすらと話せない。集団内に対立があったり、他のなんらかの理由で刺激が過剰になったりすれば、〝思考停止〟におちいる恐れはさらに大きくなる。彼らは言葉をさがすが、見つけることができない。何度かこんなことが重なると、彼らはその恐怖を予期し、口を開くのをためらうようになる。

第四に、内向型人間は前もっていろいろ考えるため、発言のタイミングが遅れてしまうことが多い。また彼らは、その異なる思考形式ゆえに、考えていることを途中から話しだしたり、結論だけ述べたりする。そして、発言のタイミングをまちがえたことや、少々周囲を混乱させたことに気づくと、自分は意見を述べるのがうまくない、黙っていたほうがよいのだ、と判断してしまうのである。

あなたが会議に参加していることを、同僚たちに知らせるには――

●会議室に入っていくとき、なかのみんなに笑顔で挨拶する。退席時の挨拶も忘れずに。
●会議室に入ったら、有利な席（すぐ休憩をとりにいけるドア付近）をさがす。
●うなずく、目を合わせる、笑顔を見せるなど、言葉以外のシグナルで、自分がきちんと聞いていることを周囲に知らせる。
●何か発言する――質問してもいいし、だれかの発言を別の言葉で言い換えてもいい。
●「ひとつ付け加えたいのですが……」「わたしの考えでは……」などと、きっぱりした声で切り出し、周囲の注意を引く。
●タイミングがずれたと思ったら、「あなたがさっき言ったことに、ひとつ付け加えたいのですが」などと切り出す。
●翌日、メールを打ったり、メモを送ったりする。自分のアイデアに対する意見や感想を求める――「どう思いますか？」

さりげなく自分を売りこむ

なぜ内向型の人は、もっと自分を表に出したり、売りこんだりしないのだろう？　内向型の人は縄張り意識が強い。彼らは、自分専用のまもられた空間を好む。その空間のプライバシーを保つ唯一の方法が、世界へ見せるものを慎重に選び、それによって外へ向かうエネルギーを減らし、世界が自分へ向けてくるものを制限することなのだ。

内向型の人が他者に情報を分け与えないもうひとつの理由としては、多くの場合、彼ら自身も自分の知識の深さに気づいていないということがある。彼らは、想像力に富み、感情豊かで、きわめて知的な自らの生活を、当然のものとして受け止めている。だから友人との間で特定のこと（たとえばセーリング）が話題にならないかぎり、自分がそれに関する知識の宝庫であることに気づかないかもしれない。あるいは、自らの興味の対象があまり知られていない分野（たとえばパンダの繁殖）であることを知っていても、他の人はだれも興味がないだろうと思う場合もある。

そのうえ内向型の人は（特に仕事では）自分の意向を他人に伝える必要を感じていないことが多い。なぜなら、仮に相手が上司なら、部下がひとつの仕事にどれだけの労力と時間を注いでいるかに当然気づくはずだと思うからだ。内向型人間は、外向型人間の注意の払いかたが自分と異なることに気づいていない。外向型人間には、内向型人間がどんな仕事をしているか詳しく話してもらう必要がある。そうでなければ、何が行われているか外向型人間にはわからない。

内向型人間が内なる自分を表に出さない最後の理由としては、彼らが外に承認を求めていないことが挙げられる。成果を評価されたいとは思うものの、注目を浴びるのは苦痛であり窮屈だ。ちょうど黒板を爪でひっかく音のように、それは神経に障るおぞましいことなのである。

これらの要因すべてが合わさり、内向型人間は無関心で非協力的な印象を与えることになる。それどころか最悪の場合、捨て石と見なされてしまうのだ。

露出過多だと感じることなく、自己宣伝するには――

- ●どんな種類の仕事やプロジェクトや業務に興味を感じるか、上司に伝える。
- ●グループ・プロジェクトに携わっているなら、時刻、場所、長さ、議事、出席者を決めて、自ら会議を招集する。
- ●興味を持っている事柄について、社内報に短い記事を書く。
- ●自分のあげた成果のどれかを上司に話す――「この前の問題、解決しましたよ。明日、報告書を出しますから」
- ●肩の凝らないかたちで同僚と個人的な話をする。たとえば、コピーやファックスの前に並んでいるとき、自分の趣味を話題におしゃべりする。
- ●会社の行事のとき進んで手伝いをしたり、病気の同僚に贈る花の代金を集めたりする。周囲はあなたを協調性のある人だと思うだろう。

ゆっくり走ってレースに勝つ

内向型の人はたいてい、外向型の人よりペースが遅い。このことも、内向型の人が淡泊で無関心に見える理由のひとつだ。彼らは、エネルギーの蓄えを少量ずつ使っていかなければならない。計算しながら小出しにしていく必要があるのだ。さもないと燃料タンクは底をつき、彼らはへとへとになって燃え尽きてしまうだろう。内向型の人は、物事をじっくり考え、仕事の経過を絶えず評価する時間をほしがる。張りつめた職場であれば、外向型の人は、内向型の人のペースが遅いのは、彼らが俊敏さや熱意や能力に欠けているからだと思うかもしれない。

内向型の人は、長い間《ま》をとりながらゆっくり話す傾向がある。そのため、自分の意見に自信がなく、躊躇《ちゅうちょ》しているようにも見える。だが実は、彼らは自分の考えをじっくり検討しているのだ。さらに彼らは、意味を重んじるがゆえにつねに正確であろうとし、自分の考えを表すのにぴったりの言葉をさがそうとする。しかしこのことは、外向型の人をひどくいらだたせる。「さっさと吐き出しちまえ」と彼らは思うのだ。

また、内向型の人は、他者の意見もじっくり評価しようとする。ところが、実は心の広さの表れであるこうした態度も、自らの意見に対する自信のなさと誤解されてしまう。前に述べたように、内向型人間はしばしば、思考のプロセスの説明を省略する。このことも当然、多くの誤解を招いている。

同僚たちに、たとえペースが遅くてもレースに勝つのはあなただと知らしめるには――

●ときには感情的な反応を見せる――「あなたの案を見て興奮したわ、エリン。すばらしいアイデアね」

●同僚たちに、自分が黙っているときは考えているのだと教える――「なるほど、いい目のつけどころだな。いまちょっと考えてみるからね」

●ある案件が取りあげられるとわかっていたら、すぐ発言できるよう前もっていくつかコメントを用意する（書き留めておくとよい）。

●よそのプロジェクトに関心があることを、その担当者に知らせる――「きみの仕事に関して、いくつか案があるんだよ、ビル。よかったら、Eメールで送ろうか」

●時間が必要な理由を上司に説明して、期限を交渉する。

●周囲に、自分の働きに対する意見や感想を求める。

職場でのコミュニケーション・スキルを磨く

会話は仕事を回していく。さまざまなかたちのコミュニケーションが、豊かで革新的な職場環境づくりに貢献している。ここでは、ともに創意を持つことがわたしたちの個性を融合し、個人ではなしえない成果を生むケースについて論じよう。社員が言葉によらないコミュニケーションをマスターし、対立を解決する高度なスキルを持ったとき、そして、議論し、ブレーンストーミングし、明快に要求を伝える能力を備えたとき、会社は成長し、存続する。これらの分野におけるコミュニケーション術が強化されれば、その職場にはだれもが栄えうる土壌が生まれるだろう。

すべての職場は、社員同士のコミュニケーションのありかた次第でよくも悪くもなる。内向型と外向型のちがいを何よりもすばやくくっきりと映し出すのが、両者のコミュニケーション方式のちがいである。また、前にも述べたとおり、これほど誤解を生む恐れの大きいものもない。

どんなかたちであれ、コミュニケーションにはエネルギーが要求される。口頭でのコミュニケーションにおいては、どんなふうに話し、どこに注意を払い、何を聞き、どう反応するかが問題となる。これまで見てきたように、内向型の人の多くは話すのが苦手だ。他人との会話が、タンクの燃料をすべて要求するからである。内向型の人は、話をする前に燃料を蓄えておかねばならない。そして、実際に話しだし、相手にその場で反応すべく言葉をさがしていると、彼らのタンクはすぐさま空になってしまう。

研究によれば、実は人間が表現することの半分以上は――友好的か非友好的か、協力的か無関心かにかかわらず――言葉によるものではないという。それは、ボディランゲージ――笑顔やしかめ面、ため息、手を触れること、指で机をたたくこと、目を合わせることなどで伝えられるのだ。文書（またはEメール）によるコミュニケーションもまた、同僚にあなたの考えを伝え、自己をアピールするひとつの方法だ。メタコミュニケーションと呼ばれるこうした方式は、さほど燃料を消費しないので、内向型の人が職場でよりよいコミュニケーションを図るのに最適である。あなたは自分の才覚をそっと誇示することができる。また、同僚たちに自分について教え、なおかつ、あなたの〝内エネルギー〟を必要不可欠な会話のために取っておくこともできるのだ。

より少なく話し、より多くを伝えるには――

●同僚や上司に挨拶するとき、笑顔をつくる。
●会議の席やグループのなかで、話し手と目を合わせ、うなずいてみせる。
●会ったときや別れ際、職場の仲間に挨拶の言葉をかける（あたりまえに思えるが、忘れがちなことだ）。
●同僚にお礼状やEメールやEカードを送って、彼らの成果を讃えたり、好意への感謝を述べたりする。
●同僚や上司が興味を持ちそうな記事をコピーし、メモをつけて送る。

対立を生産的に解決するには

対立は、相反するニーズがあればどこにでも生まれる。世の中には、火花が散るのを見て活気づく人（通常、外向型）もいれば、争い事が嫌いな人（通常、内向型）もいる。後者の人々は、それで闘わずにすむならなんでもする。対立は彼らのエネルギーを消耗させる。だから彼らは道をそれて、対立を避けようとする。しかしたいていの場合、対立を無視するのはまちがいだ。第一に、その対立は消えてくれない。第二に、内向型人間は体のなかに——文字どおり——ストレスが残っているのを感じる。彼らは頭痛、腹痛などの不調に悩まされるのである。対立はエスカレートしやすいので、早期に解決するすべを学んだほうがいい。最終的に、あなたはもっと自信を持てるようになるだろう。

つぎの、対立を解決するためのステップを学習し、必要なとき活用しよう。

①問題を明確化し、それが問題であることに同意する。
②自分の内向性と相手の外向性がその問題にどう影響しているかを理解する。
③相手の視点から問題を見てみる。
④内向型／外向型のものの見かたを念頭に、問題を解決する。

では、本章の冒頭に登場した外向型の上司ジャックと内向型の部下カールは、ふたりの不和をどのように解決したのだろうか？　彼らは、そのコミュニケーションの大きな溝をどんな手段で埋めたのだろう？　右のステップに従い、わたしはまず、問題点を明確にし、それが問題であることに同意するようふたりにすすめた。ジャックとカールは、自分たちの間に始終、誤解が生じることを認めた。つぎに、わたしたちは、内向型と外向型の異なる流儀——いい、悪いでなく、ちがい――について、また、そのちがいがふたりのコミュニケーションに及ぼす影響について、話し合った。第三段階として、わたしはふたりにお互いの立場に立ってみるようすすめた。意見が聞きたいのに、カールは自分の考えを隠しているように見える。そのため、ジャックはひどくイライラしている。カールにはそのことがわかるだろうか？　会議の席でカールは大きなプレッシャーを感じている。だから彼はなかなか発言することができない。ジャックにはそのことがわかるだろうか？　最後にわたしは、お互いの態度を自分への攻撃ととらずに問題を解決することを、ふたりに求めた。

結果として、カールは、自分にはオフィスのあわただしさからなるべく離れたスペースが必要なのだと気づいた。そこで彼は、そうした仕事場をジャックに求め、与えられた。ジャックは、カールがその場ですぐに答えを出すのが好きでないことを理解し、会議の前日に予定表を彼に渡すことに同意した。これならばカールは、検討する時間をたっぷりもらい、プレッシャーを感じることなく、よいアイデアを生み出すことができる。

ジャックは、彼自身は大嫌いで、他の人間がやりたがるとは思ってもみなかった、長期にわたる退屈なプロジェクトをカールに任せることにした。一方、カールは、自分の能力をもっとジャックにアピールする必要があることに気づいた。そうすることで、彼も社内に確固たる立場を築くことができるのだ。

ときには、同僚とじかに問題を解決するのが不可能なこともある。わたしの内向型のクライアント、ダニエルはそうした状況におちいった。きっかけは、彼女がとてつもなくおしゃべりな外向型の同僚、アイナとスペースを共有するようたのまれたことだった。アイナは、ダニエルに向かって、または、ひとりで、電話で、または、顔を出すあらゆる人とノンストップでしゃべりつづける。そんな彼女と一日じゅういっしょにいると、ダニエルの神経はぼろぼろになった。さらに悪いことに、アイナのおしゃべりは仕事への集中の妨げとなっていた。

ところが、別のスペースに移りたいと申し出ると、上司はノーと言った。理由は何かって？　彼はダニエルの落ち着きや勤勉さにアイナが感化されることを期待していたのだ。ダニエルは途方に暮れた。アイナと角突き合わせる気にはなれない――ことに、彼女といっしょに狭いスペースに押しこめられている現状では。「絶望的だわ」ダニエルはわたしに言った。

彼女はひとりで解決策を見つけなくてはならなかった。アイナにおしゃべりな性格を変えろと言っても無理な話だ。そのことでは、上司がすでに本人に注意している。ダニエルとわたしはブレーンストーミングし、彼女が正気を失わずにすみ、辞表を出す必要もない改善策をいくつか見つけ出した。

ダニエルはアイナに、静かな公園のような場所にいると仕事がはかどると言い、葉っぱの多い植物を並べてスペースの中央に仕切りをつくった。そのさまは、戸外を思わせたし、アイナに対する拒絶としてもさほど露骨ではなかった。またダニエルは、アイナのひとりごとを聞かずにすむよう、仕事場にヘッドホンを持っていき、静かな音楽をかけた。ダニエルはときどきアイナと話すことにした。ただし、直接、話しかけられたときだけだ。相手が宙に向かって話していたら、ダニエルは答えない。集中する必要があるときは、耳栓をしてもいいし、時間を指定してアイナにおしゃべりをひかえるようたのんでもいい。こうしてダニエルはひどい疲労感から救われ、アイナともいい関係を保っている。

対立は避けるのではなく、創意をもって解決すべく努めよう。それによって、双方の職場環境、仕事上の人間関係がどれほど改善されるかに、あなたは驚くかもしれない。

舌戦を有利に展開するテクニック

研究により、内向型の人と外向型の人の議論のかたちはちがうことがわかっている。外向型の人はしばしば、勝ち負けを決めるかたちで議論する。彼らは、自らの正しさを強調する。このため、相手方（多くの場合、内向型の人）はときとして、悪いことをした気分になる。これに対して、内向型の人の多くは、双方が勝てるかたちで議論する。彼らは両者が相手の言い分を聞くことを望んでいる。通常、内向型の人はたくさん質問をし、あまり批判はしない。自分の視点にはさほど固執せず、あらゆる見かたに正当性があるものと考える。

職場における外向型人間との舌戦は、かなりエネルギーを消耗させる。彼らの好戦的なスタイルを個人攻撃と受け止めないこと。つぎに、あなたの腕が上がるよういくつか助言をしておこう。

- 平静を保ち、呼吸を止めないようにする。
- 自分の主張に対する、予測される反論について、前もって考えておく。

●だれかが想定外の反論を持ち出したら、慎重に耳を傾ける。その反論を自分の言葉でまとめ、要約にまちがいがないかどうか確認する。（これによって考える時間を稼ぐことができる）
●反論が正当なものなら、漠然と相手を褒める――「たしかにそうです。その問題に対処する方法を考えなくてはいけませんね」
●反論がつづくなら、「どうすればうまく解決できると思いますか」とたずねてみる。
●貴重なアイデアと反対する権利を自分が持っていることを忘れない。

ブレーンストーミングを成功させるには

たくさんのアイデアを出すことが、ブレーンストーミングのねらいである。よいアイデアとか悪いアイデアではなく、数多くのアイデアだ。あなたのひらめきは、まったく新しいものをたたき出し、新機軸をもたらし、今日《こんにち》のめまぐるしい市場で生き残る力を会社に与えるかもしれない。

外向型の人はごく自然にブレーンストーミングを行う。彼らは、放電することで元気を得るのだし、なんの苦もなく話しながら考えることができる。これに対して、内向型の人は、受け入れられている安心感がないかぎり、自由気ままにはなれない。新奇なアイデアを出すことが多い彼らには、批判されないという保証が必要だ。内向型の人は、他の人が放電している間はただ聞いていて、翌日アイデアを出すことにするといいかもしれない。そうすれば、夜の反芻《はんすう》（熟考）タイムに情報を消化し、何か斬新なものを生み出すことができるだろう。
もしもあなたがブレーンストーミングを取りしきることになったら、生産的な環境をつくるために、つぎのようにするとよい。

＜一回目＞

●ひとつの問題、または、構想がリング内に投げこまれること、だれでもアイデアや感想を出してよいことを説明する。
●ただ聞いていて、翌日意見を出す人もいてよいことを説明する。
●アイデアや感想はすべて書き留める。
●アイデアや感想はどんなものでもかまわず、正解、不正解はないことを明言する。
●批判は厳禁だと告げる。
●何か付け加えることがあればEメールを受け付けると言う。

＜二回目＞

●アイデアや感想をテーマごとに分類する。
●会社の目標に従い、テーマに優先順位をつける。
●結果について話し合う。
●いちばんよい三つの解決方法を選ぶ。

●代案を選ぶ。

上司に要望を出すときの注意点

たとえあなたが内向型だとしても、ときには上司に要望を出す必要に迫られることがあるだろう。内向型の人の多くは、これを苦手とする。要望を出せば、脚光を浴びるのみならず（これも彼らの性に合わないことだ）、エネルギーまで枯渇してしまう。多くの人は頭が真っ白になって、何を言いたかったのか忘れることを恐れている。あるいは、会議の場で、当意即妙に受け答えするのは無理なのではないかと案じたりする。あなたがそんな問題をかかえているなら、つぎの作戦のどれかを試してみよう。

●自分の要望を書き出す。具体的に書くこと。
●上司の反論を想定し、それも書き留める。自分側の言い分をメモする。
●鏡の前で、あるいは、パートナーや友達を相手に、要望を述べる練習をする。（内向型の人の場合、話す内容に不安を感じるときは、練習したほうがうまくいく）
●結果がどうあれ、要望を出した自分を褒めたたえる。うまくいかなかった場合は、いつでも再挑戦できることを思い出す。手法を見直せないか、上司の懸念を払拭する方法がもっとないか、考えてみる。

締め切りでパニックにならないために

前に述べたように、内向型人間は締め切りが苦手だ。これは、プロジェクトを完遂し、なおかつ、圧倒されずに従来の仕事もつづけるだけのエネルギーを生み出せるかどうか、不安を覚えるためである。彼らは、仕事をやり遂げるのになぜよけいに時間が必要なのか、上司に説明すべきなのかもしれない。上司が内向型の人なら、締め切りの問題を話し合うのは、さほどむずかしくないだろう。柔軟な対応を求めてみよう。つねに余裕を持たせるわけにいかないだろうが、もっと早く知らせてもらえばよりよい成果があげられると言おう。

締め切りがいつであっても、まずはその仕事をひと口サイズに砕くことから始めるとよい。これは、内向型の人にもっとも有効なやりかただ。それによって、あなたは頭の混乱や不安や無力感を和らげることができる。

①まずカレンダーに期限を書きこみ、それから仕事を小分けにする。締め切りに間に合わせるには、いつまでに何をしなければならないかを計算する。

②カレンダーにそれぞれの日に達成すべきことを書きこむ。自分のエネルギーがピークとなる時間帯に、プロジェクトにあてる時間をとる（たとえばわたしなら、日曜をのぞく毎日、午前六時〜十時にする）。

③予定外の仕事や邪魔が入る場合に備えて、スケジュールに余裕を持たせておく。
④計画したことがその日に全部できなくても自分を責めない。つぎの数日分を合わせて、仕事を配分しなおし、続行する。
⑤つねに自分に報酬を与える——新しい本を買う、クッキーを食べる、テレビゲームで遊ぶ、など。

仕事中に邪魔が入ったら

中断を予期していた場合か、エネルギーが満タンなときは別として、邪魔が入ることは内向型の人にとって大打撃となる。多くの場合、彼らはわけのわからないいらだちを覚える。これに対して、外向型の人はひとつのことからつぎのことへ難なく移っていける。思いがけない邪魔が入ると、彼らは活気づく。自分があなたのデスクの前にひょっこり現れ、「ちょっと教えて」と言ったとき、なぜあなたが喜ばないのか、彼らには理解できない。

中断はなぜ、多くの内向型人間にとって痛手となるのか。そこには生理学的な理由がある。まず、内向型の人は考え事に埋没する。そのため、なかなか浮かび上がってきて、別の話に応じることができない。この過程を、外向型の人はしばしば無反応と受け止める。我に返るのに一、二分はかかるため、あなたの頭は混乱する。早口の外向型人間の話を、すぐには飲みこめない可能性さえある。あなたはまず、なんの話なのかを把握しなくてはならない。スイッチを切り替えるには、エネルギーが必要だ。その後もとの場所にもどり、ふたたび集中するのにも、またエネルギーが要る。ときには、自分のいた正確な場所を見つけるのに、数日かかることもある。

わたしのクライアントに、法律事務所を共同経営しているカップルがいる。妻のズーイは内向型、夫のイーサンは外向型だ。ズーイは摘要書を書いているとき、他人に――たとえそれがイーサンでも――部屋のドアを開けられると、イライラする。イーサンのほうは、ズーイのオフィスに立ち寄ってあれこれ質問するのが好きで、彼女の冷淡さに憤慨していた。わたしは彼らに、仕事の中断に対するふたりの態度がなぜちがうのかを説明した。説明を終えると、イーサンは言った。「不思議だな。ぼくのほうは軽いおしゃべりで元気が出るのに」ズーイは喜び勇んで彼に言った。「わたし、胸がすっとしたわ。人に邪魔されてあんなにイライラするのには、ちゃんと理由があったのね。これまで、どうして腹が立つのかさっぱりわからなかったのよ」

以下に、邪魔者や侵入者を退けるための戦略をいくつか紹介しよう。

●自分なりの「ただいま面会おことわり」の標示をつくる。なるべくユーモアを交えよう。たとえば、漫画のキャラクターや「考える人」の絵を入れる、など。

●すべての会話に制限時間を設ける――「木曜日に話しましょう。時間は十五分で足りますか?」

●ドアに向かって歩いていき、会議に、もしくは、トイレに行くところだと言って、予期せぬ訪問者をさえぎる――「歩きながら話しましょう」

●何をやってもだめなときは、隠れ場所――トイレ、休憩室や食堂の静かな片隅など――を見つける。

記憶が不得手な内向型人間へのアドバイス

マータは、新しい顧客に引き合わされ、ほんの数分後にその人の名前を思い出せないとき、どんなに気まずい思いをするかをわたしに語った。「机の下にもぐりこみたくなるわ」

研究により、内向型の人の多くは、名前や顔を覚えるのが苦手であることがわかっている。事実、一部の研究者は、名前や顔をなかなか思い出せないことが、社交的催しや仕事のつきあいに対する彼らの恐れを助長しているものと見ている。もしもあなたがこうした問題をかかえているなら、名前や顔を記憶に刻みつけるつぎのテクニックを活用しよう。

●特徴をさがす――傷跡やほくろ、唇の形、癖毛、メガネ、髪の色。
●その人の名を鮮明なイメージに置き換える。たとえば、わたしは、〝カーラ〟という名から赤いスポーツカーを、〝グレンダ〟という名からはイギリスの緑の渓谷《グレン》を連想する。
●挨拶するときに、相手の名前を言う――「こんにちは、カーラ」
●別れたあと、会場内を移動しながら、何度か振り返ってその人を見る。頭のなかで、連想されたさまざまなことをその人の名と結びつける。

名前や顔を忘れても、自分を許してやろう。だれしもときには、物忘れをする。

仕事でストレスを感じたときの五つのステップ

刺激過剰になり、圧倒されているときのわたしたちは、ものが考えられず、創造性も発揮できず、あまり生産的ではない。心を鎮める方法を学ぶことはきわめて重要だ。

① 体の状態をチェックする

緊張を解くための第一段階は、〝体〟と〝心〟を切り離してみることだ。もちろん口で言うほどたやすくはないが、必ずできるようになる。クライアントが刺激過剰になってやって来ると、心理セラピストとしてわたしはまず、その人（仮にカサンドラとしよう）にブランコ椅子でくつろぐように言う。つぎにわたしは、体がどんな感じなのかをたずねる。「体の状態を教えてちょうだい、カサンドラ」相手がこの質問に答えられないようなら、重ねてこうたずねる。「腕はどんな感じ？　手はぴりぴりしている？　それとも、しびれている？　緊張している？　重たい感じ？　肩をゆすってみて。硬くなっている？」たいていの場合、これらの質問が呼び水となり、クライアントは不安（ぴりぴり、緊張、焦燥感）や憂鬱（重たさ、疲労、だるさ、緩慢さ）の身体症状を語りはじめる。自分や他人に体の状態を語れるようになればなるほど、自らを救うあなたの能力は高まるだろう。

②呼吸をし、水を一杯飲む

第二段階は、酸素を取りこむことだ。呼吸を意識しよう。たいていの人は、刺激過剰となったときは息を止めている。だからお腹に息を吸いこみ、吐き出そう。呼吸が深くなってきたら、全身の筋肉を緊張させ、一分間その状態を維持しよう。リラックスしているときと緊張しているときのちがいに注意すること。つぎに、冷たい水を一杯飲もう。研究の結果は、ごく軽い脱水症でも、集中力、思考、代謝、神経伝達物質の流れに影響を及ぼすことを示している。『高エネルギーな暮らしかた』の著者、ロバート・クーパー博士は、「水分は全身のエネルギー産生を促進し、脳と感覚を活性化させる」と述べている。

③頭のなかのひとりごとに注意を向ける

〝被圧倒感〟を緩和するための第三段階は、頭のなかでつづいているひとりごとに注意を向けることだ。体に特定の感覚があるとき、わたしたちはそこに意味を結びつける。このような意味づけは子供時代に始まるので、大人になるころには自動的に行われるようになっている。たとえば――お腹が硬くなっている。それに対する無意識の反応は、恐怖だ。恐怖は危険を意味する。危険は、なんらかの災いが迫っていることを意味する。つぎに起こる現象は、たいてい意識される。頭のなかで声が言うのだ――わたしにはできない、きっと失敗する。この声は、最初に感じた恐怖をさらに募らせ、あなたは麻痺状態におちいる。第3章でわたしが述べたことを覚えておいでだろうか？　内向型の人の脳には、圧倒されたとき刺激を抑制するためのメカニズムがあるのだ。クライアントたちは怯えた声で訴えてくる。「何も考えられないの。きっとプレゼンテーションでも、質問に答えられないわ」

　頭のなかの声に注意し、その言葉に耳を傾けよう。それを恐怖を鎮める穏やかな声に変えることを覚えよう。「わたしはただ不安なだけだ。きっとうまくいく」「わたしは緊張している。だからって悪いことが起こるわけじゃない。きっと大丈夫だ」

④成功例を思い出す

　第四段階は、過去の成功体験を思い出すことだ。圧倒されると、わたしたちは知っていることまで忘れてしまう。クライアントのアリーが、講演を前にしてひどく不安がっていたとき、わたしは彼女に、プレゼンテーションで質問を巧みにさばいた過去の経験についてたずねてみた。「ええ、たしかに」彼女は答えた。「思い出したわ。前にはちゃんとやれたのよ」

「頭のなかが真っ白になったら、どうすればいいと思う？」そうたずねると、彼女は答えた。

「ちょっと考えさせて、と言うわ。でなければ、他の人に、そういう問題にぶつかったことがないか聞いてみる。そのときどうしましたかって。全部の質問に自分で答える必要はないのよ」

「それともうひとつ」わたしは言った。「こう言ってもいいのよ。きっと家に向かう車のなかで、いい答えが浮かんでくるだろうけれど、いまは、何も思いつきませんって」自分に言い聞かせよう――あなたには、心身の被圧倒感に対処する力がある。前にやったことがあるなら、もう一度できるはずだ。

⑤圧倒されることのメリットを理解する

圧倒されるのは、内向型であることの一部だ。自分を責めてはいけない。それは、あなたの貴重な特質のひとつであり、あなたがたくさんの情報を取りこんでいること、あなたの脳が活発に働いていることを意味する。そのことを思い出そう。

内向型人間がボスになったら

内向型の人の多くが人の上に立っていると知ったら、あなたは驚くかもしれない。彼らはしばしば、指導者にふさわしい資質を見せる――公正さ、的確な判断力、むずかしい決断を下す力、ユーモア、知的好奇心、過去・現在・未来を俯瞰する能力。上司が内向型であれば、多くの面で仕事がしやすいだろう。しかし逆に、頭の痛い問題も生じうる。内向型の上司は、自分の希望を伝えるのを忘れるかもしれない。職権の委譲を怠るかもしれないし、褒めることや報酬を与えることの重要性に気づいていないかもしれない。

かつてわたしは、内向型の上司の下で一年以上働いたことがある。わたしがあまり指導を必要としないたちなのは、ラッキーだった。トリーシャと直接会ったのは、たしか二回だけ――ほとんどの場合、彼女は文書で連絡をとったのだ。わたしのつくったトレーニング・マテリアルについてコメントを書き、学生たちがわたしに与えた評価についてメモをよこす。それだけだった。外向型の人ならたまらなかったと思う。彼らなら、もっと多くの援助や意見、もっと多くのミーティングを求めただろう。その一年、スタッフ・ミーティングはただの一度もなかったと思う。

あなたが内向型でも外向型でも、このタイプの上司とうまく仕事をするためには、Eメールやメモや文書で絶えず現状を知らせることだ。もっと意見がほしいなら、そのように伝えよう。内向型の上司は、その必要はないと思っているのかもしれない。本人が外の力にあまり左右されないため、彼らは、部下の多くが励ましと委任を必要としていることに気づかないのだ。

研究の結果は、内向型の管理者が外向型の管理者ほど簡単に権限をゆだねないことを示している。もしもあなたが内向型の上司なら、以下の点に注意し、外向型は内向型とはちがうところから動機を得ることを心に留めておこう。

＜自分の希望を伝える＞

- 希望を詳しく述べ、文書にしよう。
- 部下に意見や感想を求めよう。
- 自分が部下のどこを買っているか、また、どんな点を改善してほしいと思っているか、本人たちに伝えよう。

＜権限をゆだねる＞

●少しずつ責任を増やしていって、部下たちに権限を与えよう。

●自分がどれほどたよりにしているか、部下たちに伝えよう。

●提案、アイデア、解決策を求め、そのいくつかを実行に移そう。

●部下たちの後ろ盾となろう。よい考えは奨励しよう。

＜個々人に合った動機づけと報酬を与える＞

多くの研究によれば、部下に動機を与えるもっとも効果的な方法は、その功労を認めることだという。これは、単なる昇給や昇格よりも複雑だ。つまり、その人間に合った報酬を見つけなくてはならないのである。内向型の人を動かすものは、外向型の人とは異なる。外向型の人は、賞賛、報酬のチャンス、表彰（〝今月の成績優秀者〟など）、コンテストといった外からの強化によって動かされる。これに対して、内向型の人は、脚光を浴びることを好まない。彼らは注目の的となることを、喜びではなく苦しみとして受け止める。これは、周囲からの承認や意見に反応しないということではない。それが過剰な刺激とならないかぎり、彼らはちゃんと反応する。ボブ・ネルソンの著書『ほめよう　はげまそう1001の知恵』（かんき出版）には、部下を認めるとき何が重要かが示されている。

●ひとりひとりが何によって動機を得るかを知ること。

●個々人に合った動機づけを考案すること。これは関係者全員にとって楽しく、得なことかもしれない。
●その人に合った報酬を与えること。
●功績に合った報酬を与えること。
●具体的、かつ、タイムリーであること。

仕事を楽しむコツを知ろう

本章では、九時から五時までの世界で内向型人間を待ち受ける数々の落とし穴に着目してきた。しかし、それらの脅威にもかかわらず、内向型の人々は仕事を楽しんでいるし、多くの場合、仕事は彼らの生活に大きな比重を占めている。事実、オックスフォード・ハッピネス・プロジェクトの最近の研究により、幸せな内向型人間は幸せな外向型人間よりも仕事を楽しんでいることが明らかとなった。内向型の人々が、一日の終わりにへたばることなく他者と交わるすべを学べば、彼らはその〝内エネルギー〟によって会社にめざましい利益をもたらすことができる。

だから、自分に合ったやりかたで〝能力を誇示する〟ことを忘れてはいけない。結局のところ、あなたにはその貴重な働きにより、評価され、感謝される資格があるのだ。どんな組織も内向型人間なしにはやっていけない。本人たちが気づいているとはかぎらないが、外向型の人々にはわたしたちが必要なのだ。そのことを彼らに教えよう。

第Ⅲ部

自分にぴったりの人生をつくる

第8章　内向型の自分をまもるために

わたしの強みは、この不屈の精神のみにある

――ルイ・パスツール

第3章で、わたしは、内向的気質の根底にある生理学的要因について語った。そのつくりゆえに、わたしたちは特別なケアを必要とする。エネルギーを保存し、適切なリズムをつくり、内なる資源をまもりつつ目標を達成しなければならないのである。本章では、三つのP――ペース、プライオリティ（優先事項）、パラメーター（範囲）の設定――について述べる。これらのコンセプトは、あなたが自らの内向性に対処するとき役立つだろう。

ペースの設定とは、自分なりのテンポ、つまり、被圧倒感や枯渇感に見舞われずに目標を達成するための速度を設けることである。また、プライオリティ（優先事項）を設定すれば、あなたは自分にとって真に価値ある目的とはなんなのかをよく考え、その達成のためにエネルギーを注ぐことができるだろう。そして、パラメーターの設定により、あなたは刺激を――多すぎも少なすぎもしない――ほどよい量に保つための境界線を引くことができる。これらの助言を取り入れたとき、あなたはより幸せで充実した人生を手にすることになるだろう。

自分のペースを設定する

昔話に登場するウサギとカメを覚えておいでだろうか？　ウサギはカメを負かすくらいわけはないと思っていたので、道の脇でちょっと止まってひと眠りする。カメはその間にゆっくり着実に歩きつづけ、大あわてで追いかけてくるウサギを尻目に、ゴールのテープを切るのだ。

本書のためにわたしがインタビューした内向型人間のなかには、自分をこの物語のカメにたとえた人が何人かいた。彼らは昔から、自分がかなりスローペースであることに気づいていた。その生理ゆえに、内向型の人は外向型の人よりも、ゆっくり食べ、ゆっくり考え、ゆっくり働き、ゆっくり歩いたりしゃべったりする。なかには、生涯かけてウサギになろうと頑張ってきた人もいるだろうが、内向型人間はスローダウンしたほうがどれほど幸せになれるかに気づくべきなのかもしれない。

たとえば、このわたし。わたしは動くのが遅い。親友のヴァルはウサギなので、ふたりで歩いているとすたすた先に行ってしまう。こちらはスピードを上げられず、ヴァルより数分遅れて目的地に着く。たいていの場合、彼女はすでにあちこちを見ていて、わたしにいろいろ教えてくれる。以前のわたしは、他の人たちに追いつこうとしていたが、もうそんな努力はやめているし、それでいいこともわかっている。

人生におけるわたしの歩みはたしかにのろいかもしれない。それでもわたしは、かなりのことを成し遂げてきた。大事なのはペースを設定することだ。
ペースの設定は、自分なりのテンポを確立したうえで、先へ進むことを意味する。こうすれば、エネルギーの需要と供給のバランスをとることができ、燃料不足におちいることもない。ペースの設定はまた、さまざまな活動を小分けにすることでもある。一生走りつづけるのは無理なのだから、自らの潮の満ち干を知るのは大事なことだ——あなたがいちばん働けるのはいつどんなときなのか、それぞれのプロジェクトにどれだけの時間をあてるべきなのか。あなたのリズムは他の人とはちがうかもしれない。内向的な自分のこの部分を受け入れることは、きわめて重要である。

　自分なりのペースをつくらないと、あなたはストレスに見舞われ、圧倒され、何もできなくなるだろう。ぐずぐずしていれば、事態はますます悪くなる。〝大失速〟が起こりかねない。そしてつぎには、不安や憂鬱がやって来る。不安はあなたをパニックへと駆り立て、あなたは忘れっぽくなったり、集中力や考える力を失ったりする。また、憂鬱は、あなたを疲弊させ、無気力状態へと引きずりおろす。

　ペースづくりのよい面は、それによって、心身をすり減らすことなく多くを成し遂げられることだ。しなければならないことのなかから、できることを選び出し、そのうえでペースを設定しよう。そして最後までやりつづけるのだ。自分に適したテンポをつくりあげれば、失速は避けられるし、大きな憂鬱、激しい不安に襲われることもない。ペースづくりは、あなたの生活のあらゆる面で役に立つ。

元気と疲労のサイクルを知る

自分の体のリズム――エネルギーがいつ最高潮に達し、いつ落ちこむかを知るのは、あなたにとって大切なことだ。自分の胸につぎのことを問いかけてみよう。

●もっとも集中力が高まるのは、午前か午後か真夜中か？
●頭がもっとも疲れている、または、もっとも働かないと感じるのはいつか？
●運動や体を使う作業をしたくなるのは、いつごろか？
●人と過ごすのがいちばん楽しいのは、一日のうちの何時ごろか？

すぐに答えが出せない場合は、日記をつけて、一、二週間、自らのエネルギー・レベルを観察してみよう。毎日、目覚めたときどんな気分か書き留め、自分自身のアップダウンをメモするのだ（気分を表す楽しいシールを貼るとよい）。朝のあなたは輝いているのか、それとも、半ば眠っているのか？　午前の十時は、スランプなのか、それとも、本調子なのか？　昼ごろは、ぼうっとしているのか、やる気に満ちているのか、あるいは、やっと目が覚めたばかりなのか？　夕方ごろは朦朧としているのか、それとも、元気いっぱいなのか？　夕食後は、子供とゲームがしたくなるのか、すぐ床につきたくなるのか？

自分のリズムがわかったら、エネルギーのピーク時をもっとも重要な仕事に、谷間を負担の軽い活動にあてて、一日を組み立てよう。一定のリズムがあるとはいえ、エネルギー・レベルは絶えず変化している。だからつねに観察をつづけ、必要ならば調整を加えよう。

本書のためにわたしがインタビューした、アーティスト兼心理療法士のジルは、自分のペースづくりをひとつの科学にまで昇華させていた。何年にもわたって自らのエネルギー・パターンを観察した結果、彼女は、クライアントとの面談を月曜から水曜までの三日間にぎっしりつめこむのが自分に最適の働きかただと知った。そうすると、残りの四日間は遊んだり、自宅の美しい英国風ガーデンで絵を描いたりして過ごせる。彼女はまた、出席する会がいくつまでならお出かけの二日酔いにならずにすむかを正確に知っていた。

やはりわたしがインタビューした別の女性、コートニーはこう言った。「週末は、映画を見にいくんです。だから今週、入れられる予定はあとひとつだけ。外出が二回を超えると、わたしには刺激が多すぎるので」コートニーもまた、自分の山と谷を扱う達人だったのだ。

限界を知れば強くなる

わたしたちは、制限を設けずに、「すべて手に入れろ」「あらゆることをやれ」という社会で育っている。しかし実際は、だれにでも——ことに内向型の人には——限界がある。わたしたち内向型人間に、無限のエネルギーはない。わたしたちのエネルギーは限られており、それゆえわたしたちは、そのエネルギーをどう使うか慎重に考えなくてはならない。これは、認めがたい事実かもしれない。その反面、人生をより貴重なものにしてくれる可能性もある。意識して選択するとき、わたしたちは自分のできることに心から感謝するようになるからだ。

本書のためにわたしがインタビューした人の多くは、自分が外向型の人ほど大勢の友人は持てないし、たくさん働くこともできないし、多くのことはこなせないという事実と折り合いをつけていた。しかし彼らは、より深い友情をはぐくみ、より意義深い仕事をし、ささやかで静かで貴重な日々の瞬間を楽しんでいる。内向型であることの利点を知れば知るほど、自分に限界があるという事実は受け入れやすくなるだろう。これは、あなたに欠陥があるということではない。限界があること自体は問題ではなく、苦しみをもたらすのは、わたしたちの限界に対するとらえかたのほうなのだ。自らの天性を肯定的に解釈してみよう。

自分自身にこう言おう――「わたしは低エネルギーだ。でもそれもわたしの天性の一部だし、たとえそうであっても自分にとって大事なことはやれるのだ」どうにもならないことで自分を追いこんではいけない。いったん現実を受け入れてしまえば、あなたは解放されるかもしれない。それに、だれにだって限界はある。溌剌《はつらつ》たる外向型人間たちにもだ。

ほしいもの――しかし得られないもの――をあきらめるもっとも簡単な方法は、失望を認めることだ。このステップを省きたがる人は多い。それは〝否認〟と呼ばれる。あなたには、エネルギッシュな体もなければ、気の利いた受け答えの才もない。それでも平気だというふりをしていれば、あなたはひそかにいらだったり（自らを責めたり）、自分には深刻な欠陥があるのだと思いこんだりしかねない。また、自分が変わることを期待しつづける恐れもある。わたしたちは、人生の導き手として感情を与えられている。巨大なエネルギーの塊になれないのは、とても残念なことだ。その失望をすなおに感じれば、悲しみは去っていく。そして代わりに、たしかにあなたが持っている効率的なエネルギーへの感謝が生まれるだろう。

一歩ずつ進んでいく

楽しいステップ式作文ガイド、『一羽一羽』のなかで、著者のアン・ラモットは、子供時代、弟が鳥類の研究レポートに取り組んでいたときのことを回想している。レポート提出までには三カ月の余裕があったが、彼はぐずぐず先延ばしにし、ついに期限は明日となってしまった。「弟はいまにも泣きそうになりながら、バインダー用紙や鉛筆やまだ開いていない何冊もの本に取り巻かれ、キッチンテーブルに向かっていた。あまりの作業の膨大さに、彼は身動きができなくなっていた。すると父が弟の隣にすわり、その肩に腕を回してこう言った。『一羽一羽やってごらん。一度に一羽ずつやるんだよ』」

一九九四年にこれを読んだとき、わたしはこの言葉に大いに勇気づけられた——一日に一ページずつ書いていけば、年末には本が一冊できあがる。一ページ一ページ。一羽一羽。それならできそうだ。

細かな部分、小さなステップに分割すれば、成し遂げられないことはほとんどない。小さなステップのすばらしい点は、たちまち被圧倒感を緩和してくれることだ。それはわたしたちを前に進ませる。内向型人間は、膨大な作業を前にするなり、その作業にどれだけエネルギーが費やされるかを想像してしまう。しかし、ステップ・バイ・ステップという方式は、とてもそんなスタミナはないという不安をただちに和らげてくれる。そして、何よりおもしろいことに——小さく数歩前進すると、あなたはほんとうにもっとやりたくなるのだ。

　内向型のクライアント、ドルーは、自分はなぜ手の届きそうもない男性ばかり選んでしまうのか数年間考えたすえ、ようやくまたデートをする気になった。新しいお相手と会うことを思っただけで、彼女は圧倒され、怖じ気づいていた。そこでわたしたちは話し合い、一羽一羽作戦を立てた。決心がつくと、一週目、ドルーは「LAウィークリー」を買った。それは、ロサンジェルスの出来事すべてを網羅している新聞で、独身者向けの活動も載っている。彼女はおもしろそうなものをいくつか丸で囲った。つぎの週は、書店へ行き、デートのガイドブックを物色した。『無口な人のデート法』が目に留まり、彼女はそれを買った。三週目、ドルーは、環境保護団体シエラクラブが主催する独身者のためのハイキングに参加を申しこんだ。当日は、もし気に入った人がいたら声をかけてもいいし、ただハイキングを楽しむだけでもいいことにした。実際にハイキングに行き、他の参加者と話す機会を持つのが、四週目だった。

　職さがし、家さがし、修理修繕、パーティーの開催、部屋の模様替え——ほとんどどんな活動も、小さなやれるステップに分割することができる。大事なのは、じりじり進みつづけること、そして、必ずできると自分に言いつづけることだ。ミクロの歩みを重ねることこそ、内向型の人にいちばん適した働きかただ。

自分にとってほんとうに大切なものは?

自らの気質を評価することを覚え、ペースの調整もできるようになったら、今度はつぎのステップ――プライオリティの設定に進む番だ。ジェームズ・ファディマンはその著書『人生から枠を取り去る』でこう述べている――「一から始めよう。目標を設定することは、あなたの人生のコースを設定することだ」これは、内向型の人にとってきわめて重要な作業である。というのもわたしたち内向型は、エネルギーを確保し、それを自分にとってもっとも意義深く価値あることに集中しなくてはならないからだ。プライオリティの確立は、日々の小さな決断から、職選び、配偶者選び、持つべき子供の数といった人生の大きな選択まで、わたしたちが目標を達成する一助となる。

内向型の人のほとんどは、意義を重んじる。生活のさまざまな側面について考えてみよう。あなたにとって重要なこととはなんなのだろうか。意義とは、あなたに活力を与えるもの、朝、飛び起きたい気分にさせてくれるものだ。それはXであるかもしれないし、Yであるかもしれない。たとえば、わたしにとって意義とは、人生の目的と思われること、つまり〝成長〟を人々がつづけるのに手を貸すことだ。これまでの職業――保育園の先生、図書館の司書、トレイナー、心理療法士、ライター――はすべて、人々の成長を助けるという目的を具体化するものだった。

あなたにとって意義あることとはなんなのか、それを知る手っ取り早い方法は、自分の死について考えてみることだ。自分の死亡記事に入れたい主な事柄を書き出してみよう。自分の一生を、新聞記者になったつもりで思い描くのだ。特筆すべきことはなんだろう？　いちばん誇れることは？　何より気にかかることは？　あなたにとってもっとも意義深いのは、人生のどの瞬間だろうか？

この機会に、あなたがまだ習得していないこと、経験していないこと、成就していないことのリストをつくってみよう。一生を終えるまでに成し遂げたいことを書き出すのだ。どんなことでもかまわない。枠にとらわれないこと。頭に浮かんでくる考えをどんどん書いていこう。目標はいつでも変えられる。一カ月後でも、一年後でも。このリストは、あなたの墓石に刻まれるわけではない。これはあなたのリストだ。あなたが自分に望むことであって、他人があなたに期待することではない。その点をしっかり頭に入れておくこと。

目標を書き出すのは、たいへんな作業に思えるかもしれない。恐怖が頭をもたげることもあるだろう――もしも達成できない目標だったら？　適切な目標でなかったら？　何も思いつかなかったら？　あなたは、現実逃避の道を選ぶかもしれない。課題を丸ごと葬り去り、望みがすべてかなうことをただやみくもに願おう、と。しかしその場合の結果は、だいたい決まっている。あなたは自分の人生をコントロールできなくなるのだ。現実から目を背けるのは、自分の車を他人に運転させ、そのかたわらを走るのと同じことなのである。

人生の優先順位を決める八つのステップ

人生に必要なものを見きわめるための八段階のステップを紹介しよう。

①自分の人生に何が大事かを理解するための第一ステップは、つぎの各分野における自分の目標を書き留めることだ（頭に浮かんだ順に少しずつ書いていこう）。

●健康
●余暇
●家庭生活
●自己の成長
●結婚生活、あるいは、パートナーとの関係
●仕事
●創造性
●人とのつきあい
●精神面
●趣味と遊び
●その他

②目標のなかからプライオリティ（優先事項）を決定しよう。
③プライオリティを達成するためのステップを書き留めよう。
④今週、クリアできる四つのステップを書き出そう。小さなステップにするのを忘れないこと。
小刻みに一歩一歩進もう。
⑤うまくいかなかったら、何が目標達成の障害となっているのか、自問しよう。
⑥どうすればその障害を克服できるか、考えよう。
⑦プライオリティを再検討しよう。あなたはいまも、書き留めたすべてを求めているのだろうか。
少し修正を加えるべきだと思ってはいないだろうか。
⑧いくらかでも前進したら、自分にご褒美を与えよう。

内向型人間は、通常、自分のことをかなりよく知っている。それがわたしたちの強みだ。自分にとって意義あることとはなんなのかを考え、その障害となるものに着目することで、わたしたちは自分の真に求めるものだけにエネルギーを注ぐことができる。

例として、右の八つのステップをわたしがどう進めたかを紹介しよう。

①**健康面でのわたしの目標は？**
なるべく精力的でいられるよう健康を維持すること。充分に睡眠をとり、栄養のあるもの

を食べ、ストレッチや運動を欠かさず行うことによって、エネルギーをつねに満たしておくこと。

②わたしのプライオリティは？

健康にもっと注意すること。そのために、よく食べ、規則的に運動し、もっと睡眠をとる。

③プライオリティを達成するためのステップは？

●週に四度、ウォーキングする。
●好きなドーナツを遠ざける。
●少なくとも一日七時間は眠る。
●翌月までにヨガの時間をつくる。

④健康のための今週のステップ

●一度、ウォーキングする。
●死んでも、健康的な夕食を二度とる。
●一度、夜十時にテレビを消す。
●ヨガのビデオを三つ見て、気に入ったひとつを選ぶ。

⑤何が目標達成の障害となっていたのか？

●運動する時間がない。
●日用品の買い物が嫌いなので、夕食に食べる健康的な食べ物がない。
●夜遅くにテレビを見ながらくつろぐのが好き。
●スケジュールのどこにヨガを入れるか、決める気になれない。

⑥翌週のための解決策

●運動の時間を予定表に書きこみ、楽しいシールを貼る（そうすれば見落とす心配がない）。
●マイクと待ち合わせて買い物をする。店までの道々、なつメロを歌っていく。自分へのご褒美として雑誌を買う。
●夜十一時にテレビを消す。音楽をかけて、キャンドルを灯す。
●ヨガのビデオテープを取り出して、一度やってみる。自分の気分に留意する。

⑦優先事項の再検討

●オーディオブックを聞きながらウォーキングをする（そのほうがやりやすい）。
●買い物は嫌い。マイクといっしょだといくらか楽だ。あるものを食べるのが好き。
●睡眠をたくさんとったほうが、休まった感じがする。
●ヨガは楽しいが、いまのところ優先させたいかどうかよくわからない。もう一度やってみて、自分の気持ちを確かめる。

⑧報酬

●ビデオで二度ヨガをしたあと、前からほしかった本を一冊買った。
●目標に向かって進んでいる自分を褒めた。
●一週間に四度、湖のまわりをウォーキングしたあと、ローファットのヨーグルトフラッペを自分に振る舞った。
●三週間、小さな前進をつづけたあと、マッサージをしてもらった。

これでだいたいわかったと思う。生活の一分野を取りあげて、目標、優先事項、障害、その解決策を考え、一、二週間後に優先事項を見直す。取り組む分野は、ひとつでもいいし、ふたつか三つでもいい。あるいは、経済面など、わたしが例に挙げなかった分野を加える手もある。スカーレット・オハラ風に、明日考えたいならそれもよし。どんな選択をするにせよ、この方法が非常に効果的であることを心に留めておこう。

できることと、できないことの境界線を引く

自分にぴったりのペースで進みだし、何を成就したいかもわかったなら、今度は適切な境界線

を確保する番だ。パラメーター（範囲）を設定するとは、自分のまわりに線を引くことだ。たとえば、電話の受け答えがいやなら、「悪いけれど、いま話せないんだ。あとでこちらからかけるよ」と言うこと、すでに予定を入れすぎているなら、「来週は忙しいの。そのつぎの週に会えない？」と言うことである。

わたしたち内向型人間は、時間やエネルギーが許す以上の活動ができないことに、罪の意識を抱きがちだ。そのため、パラメーターを設けずに、どんな要求にでも応じてしまう傾向がある。あるいは、エネルギーの供給を見積もるのに失敗し、ひどく厳しい、または、ひどくあやふやな境界線を設けてしまうこともある。わたしたちは、侵害されて刺激過剰になるのを避けるため、外界の侵入を規制しなくてはならないが、そうしながらも外界に参加することは可能だ。

多くの人は、わたしたちに自分だけの時間と空間が必要であることを理解しようとしない。友達をがっかりさせるのはつらいことだし、仕事をいますぐ仕上げてほしいというボスや、遠足のボランティアを依頼してきた子供の学校の先生に、ノーと言うのはむずかしい。そんなときは代案を出せば、たいていうまくいく。相手に何ができないかを話し、つぎに何ができるかを話そう。

友達にはこう言おう――「きょうのランチは無理だけれど、来週いっしょにお茶を飲まない？」ボスにはこうだ――「報告書の前半はきょうの午後にできますから、まずそちらを検討していただけますか。後半は明後日に提出します」子供の学校のほうは、もし可能なら、だれか代理の人を出そう――「プラネタリウム見学ですが、わたしは都合がつきませんけれど、ジョーナの祖父が喜んで行くと言っています」

あいまいな境界線は、自分自身を失わせる

人間は生まれつき親と結びついているので、通常、それがどんなものでも、自分の置かれた家庭環境に順応する。家族の他のみんなが外向型である場合、または、両親が内向型だけれどもそれではいけないと思っている場合、内向型の子供は社交的であるべきだという強いプレッシャーを感じるだろう。その子は、家族からとがめられたり、さげすまれたりするかもしれない。あるいは、孤独を求め、楽しむことに罪の意識を抱く可能性もある。

教師のカーラは、わたしにこう語った。「うちの母はよく部屋に入ってきて読んでいる本を手からひったくり、わたしを外に追い出して、家族といっしょに過ごすことを強要しました。ひとりで休むことは許されませんでした。自分がなぜ始終疲れているのか、朦朧としているのか、不思議に思いましたよ。わたしには孤独が必要だったんです。でも家族のほうはそれを、背を向けているとか、殻《から》にこもっているというふうに見たんです」

内向型の人の多くがそうであるように、カーラも両親の影響で、ひとりでいたがるのはよくない、人といっしょにいたがるべきだと考えるようになった。彼女には自分の低エネルギーが理解できなかったし、それをひとりの時間の欠如と結びつけることもなかった。

受け入れてもらえないと感じている子供たちのたどる道は、つぎのいずれかだ。①自らの気持ちは無視することにし、他人の影響を受けやすくなって、人の希望や要求に応じて絶えず自分を

改造し、変形させる。②家族の影響などぜんぜん受けていないふりをする。これらの対処のメカニズムはごく幼いころ身につくため、大人になってからの彼らはそれを意識していない。それは、無意識的反応にすぎないのだ。

第3章で詳しく見た右脳優位の内向型人間は、無意識のうちに大量の情報を吸収するので、より分けと整理のためのまもられた時間をたくさん必要とする。ひとりの時間がなければ、彼らは混乱し、ばらばらになってしまう。左脳優位の内向型人間もやはり、燃料補給の時間を必要とするが、それがなくても右脳優位者ほどぼんやりしない。ただし彼らは、完全に殻にこもってしまう可能性がある。

物理的、もしくは、精神的に、ひとりだけの静かなスペースを与えられず、刺激過剰となった場合、おそらくあなたは――

- 大混乱をきたし、集中できなくなる。
- 行きづまりを感じ、やる気を失う。
- 圧倒され、頭が機能しなくなる。
- 被害意識を持つ。
- 自分がそこにいる気がせず、傍《はた》からはぼうっとして見える。
- 自分に批判的になり、手厳しい内なる声にさらされる。
- 感情のジェットコースターに乗っているような、制御不能の気分になる。

●内臓がきりきり痛み、神経質になる。

これらの危険信号が出たら、立ち止まってよく考えよう。なんらかの制限を設ける必要がないか、自分自身に問いかけるのだ。あなたは、混乱や不安を感じてはいないだろうか？

パラメーターがあいまいな人々の心の奥底にある恐れは、他人の要求を満たさなければ捨てられてしまうというものだ。実際には負担を減らすべきときに、彼らはしばしば、人のためにもっと何かすべきだと感じる。また、周囲が過剰な要求をしてくると感じて、被害意識を持つこともある。

自らの行動をちょっと見てみよう。あなたは自分自身の欲求を忘れてはいないだろうか？　できる以上のことをやろうとしてはいないだろうか？　それがほんとうにやりたいことなのか、また、できることなのか、自分に相談もせず、自動的に人のために何かしてはいないだろうか？　まず、自分にはどんな境界線が必要なのか、考えてみよう。本章では、パラメーター設定の秘訣もいくつか紹介する。境界線を設けることは、あなたが自分の人生を取りもどすための大きな武器となる。

凝り固まった境界線は、あなたの世界を狭くする

内向型の人のなかには、両親に踏みつけにされている、または、無視されていると感じながら

育った人もいる。この種の（しばしばアルコール依存やネグレクト、虐待が見られる）家庭では、子供たちが自分のまわりに壁をめぐらせてしまう。一度も結婚経験のない四十代のある男性クライアントは、わたしにこう言った。「母は、わたしが気に入らないことをすると、数日間口をきいてくれませんでした。わたしは毎朝、裏庭に出ていって、クルミの木に登り、暗くなるまでずっとそこにいたものです」こういった人々は、成長とともに、強固な境界線を設けて身をまもることを覚えていく。彼らはしばしば、他人に背を向けたり、殻にこもったりする。このことは、周囲の世界と交流する彼らの能力を封じこめてしまう。

左脳優位の内向型人間（第3章を参照）もまた、凝り固まったパラメーターをつくりあげることが多い。彼らは、感情や人間関係よりも理屈を重視する。ちょうど《スタートレック》のミスター・スポックのように、自らの気持ちを厳しく抑制し、つねに論理的思考にたよるのだ。こういった人々は、超然たる態度で自らの生活を管理し、だれのためであれ変わることはない。しかしそうすることで、彼らはある貴重なものを失ってしまう。人間同士を結びつけるもの、すなわち、情だ。その他、凝り固まったパラメーターを設けることによって、あなたは――

●人間関係を、面倒なもの、または、鬱陶《うっとう》しいものと感じるようになる。
●無力感、絶望感を抱くようになる。
●追いつめられた気分になり、選択肢が見えなくなる。
●情緒面で成長できなくなる。

●支配的になり、他人から〝肛門性格者（きちょうめんで、強情な性質）〟と見なされる。
●自己に陶酔した批判的な人間に見えてしまう。
●他人を押しのけるようになる。

もし強固な境界線を持つタイプだとしたら、あなたには、孤独感や身近な人への怒りを抱く可能性がある。きっとあなたは、悪いのは彼らだと思うだろう。自分の感じている淋しさを自ら設定したパラメーターと結びつけるのは、簡単なことではない。自分が高い壁をめぐらせていることに、あなたは気づかないかもしれない。

自分が友達や家族や同僚とどんなつきあいかたをしているか、振り返ってみよう。信頼できるだれかに、あなたに冷淡で批判的なところがあると思うかどうかたずねてみてもよい。また、子供時代、安心するために殻にこもる必要があったかどうかも考えよう。右に挙げた特徴に自分があてはまっても、絶望することはない。他人に侵害されたり、無視されたりする恐れを和らげる方法はたくさんある。後退することなく身をまもる戦略を打ち立てよう。もっと人と交流するようになれば、あなたの人生はより豊かになり、孤立感は薄れる。あなたは、より強く、より意欲的な自分、エネルギーの使いかたに迷いのない自分を、実感するようになるだろう。それは価値のあることだ。

自分にぴったりの境界線を引く四つの秘訣

パラメーターを設定するのは、さほどむずかしいことではない。ただ練習が必要なだけだ。努力を要するのは、適切な——厳しすぎも、ゆるすぎもしない——境界線が引けるよう、意識を高めるという部分である。つぎに、あなたが新たなパラメーターをつくるための秘訣をいくつか紹介しよう。

①たぶんどっちか

より柔軟なパラメーターをつくる方法のひとつは、対応の幅を広げることだ。児童図書館の司書であり、多作な作家でもあるスーザン・パトロンの著書に、『たぶんイエス、たぶんノー、たぶんどっちか』という魅力的な子供の本がある。本のなかでスーザンは、登場人物の長姉に、「たぶん」と答えることによってあらゆる状況に新たな可能性をもたらす役割を与えている。〝たぶん〟は、この世界が白か黒かではなく、濃淡さまざまな灰色でできていることを示している。

内向型の人は、自分の本心を問うことも、自己の考えや衝動を斟酌《しんしゃく》することもなく、外向型の人と同じ方式で決断を下そうとしがちだ。しかし、〝たぶん〟は、世界を広げ、意思決定の過程に数々の展望、見解、選択肢をもたらしてくれる。〝たぶん〟と答えることのもうひとつの大きなメリットは、それが〝ぐずぐず考える〟猶予を与えてくれることだ。即断即決は、内向型の人にはむずかしい。彼らには、〝たぶん〟という余裕が必要なのだ。

いまでも覚えているが、十代のころ、友達と電話で予定を合わせていたとき、その子がこう言った。「ちょっと考えさせて。あとでまた電話する」わたしはびっくりした。そうか！　しばらく考えてから、返事をしてもいいのね。それはすばらしい発見だった。

イエスという言葉には、大きな力がある。何かしたかったら、イエスと言おう。ノーという言葉にもやはり大きな力がある。何かしたくなかったら、ノーと言おう。そして、どう応じるかしばらく考えたかったら、そのときは〝たぶん〟と言おう。

② ひと晩寝かす

内向型の人のほとんどは、まずたくさんの情報を取りこみ、さまざまなかたちで処理してから、アイデアを得たり、決断を下したりする。何かに着手しようというとき、彼らはよくつぎの朝まで待ちたがる。いまでは、わたしたちにもそのわけがわかっている。内向型人間が使う主たる神経伝達物質、アセチルコリンには、レム睡眠中（夢を見ている状態）に長期記憶が情報を蓄えるのをうながす働きもある。内向型人間は、外向型人間より頻繁に長期記憶を利用するので、その情報処理方式を活かすために、ひと晩寝て考えなくてはならないのだ。

映画監督のマイク・ニコルズがかつて、あるインタビューのなかでこの無意識のプロセスについて語っていた。彼は、アイデアはひと晩寝かせておくのが習いだと述べ、それを〝よい種類の無精〟と呼んでいた。

わたしたち内向型人間は、しばしば、外向型人間に即答を求められる。しかしその罠にはまってはいけない。アイデアでもプロジェクトでも、ややこしい問題は、ひと晩寝かせて考えよう。決断を下さねばならないとき、わたしは、朝になればメリット、デメリットがもっとはっきりすることを思い出すようにしている。ときには、脳が難題に取り組むガリガリという大音響で目が覚めるかもしれない、と思うこともある。

③ イエスと言ってみる

凝り固まったパラメーターは、通常、人生の初期につくられる。それは、ありのままの自分（内向型）であってはいけないと感じることから生まれるのだ。彼らには、少し時間を置き、刺激過剰となった心を鎮めてから決断することは許されなかった。ノーと即答する人々はおそらく、子供時代につねに何かを無理強《じ》いされていたか、圧倒される気持ちを抱きやすかったかだろう。結果として彼らは、身をまもるために、考えもせずノーと言うパターンをつくりあげた。彼らは、周囲に深い濠《ほり》をめぐらせ、決してその向こうへ渡ろうとしない。

しかし、ノーの一点張りでは、世間との間に大きな溝が生じてしまう。イエスと言う練習をしよう。ノーと言うのをやめることはない。ただ、あちこちにイエスも少しちりばめるのだ。大人であることのすばらしい点のひとつは、内向型のままでいて、なおかつ、イエスと言える機会が増えることだ。もう傷つけられたり、さげすまれたり、とがめられたりする恐れはない。もしもだれかに傷つけられたら、声をあげればいい。だれかが馬鹿にしようとしたら、こう言ってやろう。「あなたには理解できないようだけど、こっちは決めるのに時間が必要なの」押しつけがましい連中は、単刀直入にこんな言葉で撃退しよう――「口出ししないでくれる?」ノーと言う以外にも、身の安全を保つ手段はある。〝イエス〟は扉を開き、あなたの人生に数々のよいものを呼びこんでくれるだろう。

〝ノー〟の早撃ちのスピードをゆるめるための第一歩は、一週間、自らの行動を観察し、ほぼどんなときでも最初の答えがノーであるかどうかを確かめることだ。もしそうだったら、一拍置いて、深呼吸し、自分の気持ちに目を向けよう。あなたは、焦りや恐れや不安を感じてはいないだろうか?

恐怖から自動的に〝ノー〟へと一気に飛んでいくことはない。ゆっくり選択肢を検討しよう。まず、ひと息つくための余裕を持つこと。「ちょっと考えさせて」という答えかたもある(少し待たされただけでイライラするような人間なら、それはノーと言うべき相手だ)。イエスと言った場合、どうなるかを想像してみよう。それは、ほんとうに恐ろしいことなのだろうか? 何度か試しにイエスと言って、その結果を見てみよう。必要に応じて、条件を加えてもいい――「終業後、すぐには会えないけれど、少ししてから寄るよ」そしてもうひとつ。あなたにはいつでも考えを変え、ノーと言う権利があるのだ。

④ ノーと言ってみる

すでに説明したように、わたしたち内向型人間のなかには、即座にノーと言う人がいる一方、ノーと言うことがほとんどできない人もいる。成長の過程で、わたしたちはノーという返事を対立と結びつけるようになる。対立は、内向型人間を不安にさせる。なぜならそれは、さらなる刺激をもたらすからだ。しかし、省エネが不可欠なわたしたちにとって、ノーと言えるようになるのは重要なことだ。わたしたちは限られたエネルギーを何よりも必要なこと、やりたいことに注がねばならない。境界線を設けなければ、人々はあなたの存在を考慮するのを忘れてしまうかもしれない。彼らはわたしたちを踏みつけて歩いていくだろう。

もっと確固たるパラメーターをつくるためには、まず手始めに一週間、ほぼどんなときでも自分の最初の答えがイエスであるかどうか確認してみることだ。一拍置いて、深呼吸をし、ほんとうはどうしたいのか自らの胸に問いかけよう。自分が不安を感じていないかどうかに注意すること。あなたは恐怖に支配され、自動的にイエスと言ってはいないだろうか？　自信がなく、プレッシャーを感じ、すぐ答えなくては、と焦ってはいないだろうか？　答える前に落ち着いてよく考えよう。時間をかけてもいいのだと自分に言い聞かせよう。「まだちょっとわからない」という答えかたもある。具体的に自分に何が求められているのかを考えよう。何度か試しにノーと言って、その結果を見てみよう。まともな人なら、それであなたを見捨てたりはしない。見捨てる人には、もっとノーと言うべきだ。

一週間ほど自分のパターンを観察したら、そろそろ〝ノー〟の上級コースに進むときだ。つぎの方法を試してみよう。

●礼儀正しく、しかし、きっぱりとノーと言う。あやまったり、長々と言い訳したりしないこと。
●自分の計画を最優先する――「行きたいけど、仕事を終わらせないといけないので」
●相手に謝意や敬意を表明しつつ、ことわる――「お招きに感謝します。あの病院にずいぶん貢献していらっしゃるんですね。でも残念。今回、わたしは無理なんです。声をかけてくれて、ありがとう」
●イエスと言わなければならないなら、そこに条件をつけてみる――「お菓子の店のお手伝いはできるけれど、リサイクル品の収集のほうはちょっと」
●たいしたことでなければ、ときには深く考えずに、おもしろ半分、承知したりことわったりしてしまおう！

あなたは特別な存在である

その著書『よりよい境界線』のなかで、ジャン・ブラックとグレッグ・エンスはこう述べている。「適切な境界線を設けるまでの道のりは、自分を大切にすることに始まって、自らの人生をつかみ、まもることへと向かっていくごく自然なプロセスである」自分なりのパラメーターの設定とは、だれと何を受け入れ、だれと何を締め出すかを決めることだ。それは、ふるいにかけ、分別する意識的プロセスなのである。内向型の人はプライバシーを必要とする。あちこちに柵がなくてはならないのだ。

自らの内向性を評価し、楽しめるようになればなるほど、あなたは自己を受容し、理解し、大きく成長することができる。自らを有能で愛すべき内向型だと思えるなら、独自のパラメーターを設定することも可能になる。

あなたは唯一無二の存在だ。あなたのものと同じ組み合わせの遺伝子セットは、これまで一度もなかったし、この先も二度と生まれない。そう考えると、これはすごいことだ！　自分自身を大切に扱おう。

第9章　生まれ持った内向性を大切に育てよう

なじみのない場のただなかにあってさえ、孤独はあなたの支えとなり故郷ともなるだろう。そして、己の道はすべて、そこから見つかるだろう

――ライナー・マリア・リルケ

多くの社会において、せわしなく駆け回り、多数の人と交流することは、高く評価されている。しかし、そうしたやりかたは、内向型の人には向いていない。活動しつづけようとすれば、エネルギーはどんどん失われ、すぐ底をついてしまうだろう。燃料補給の道を断たれれば、わたしたちは自らの独特な天性を見過ごし、それをはぐくむのをやめてしまうかもしれない。しかし内向型人間が機能するためには、小休止、ひとりの時間、回復のための環境が絶対不可欠だ。この三つがなければ、人生は疲労困憊の連続の長い道のりと化すだろう。

ガス欠の車を走らせることを想像してほしい。それを進ませるには、うしろに回って押すしかない。内向型の人はよく、自らを無理やり押して進ませようとする。彼らがしばしば疲労感を訴えるのは、このためだ。ときとして彼らは、外向型の人のように精力的になろうとして、怒り（アドレナリンを分泌させる）、不安（心拍数、血圧、血糖値、ストレス・ホルモンを増す）、カフェイン（フルスロットル・システムを刺激する）、麻薬（通常、体を活性化するコカインの類）を

利用する。自分が無理しているのに気づかなければ、病気になる恐れさえある。彼らは体を壊すまで、自分が不安やアドレナリンを動力としていることに気づきもしないのだ。

あなたの天然資源をはぐくむ

自らをはぐくむとは、必要とされる特別なケアを自分自身に与えることだ。『欲求の植物誌』(八坂書房)の著者、マイケル・ポーランはこう述べている。「チューリップは内向的な花である」チューリップは移された土地になじむ。つまりその地で、年ごとによりたくさんの花を咲かせるのだ。だがそれと同時に、毎年、力を蓄える休眠期間がなければ花を咲かせることができない。また、日光と水と肥料を必要とし、植える深さは適切でなくてはならず、植える場所も適切でなくてはならないのだ！　本章でわたしは、あなたの繁栄に必要な特別な条件について述べようと思う。

優美なチューリップと同じように、あなたの天性も少し逆説的だ。これは少しも恥ずかしいことではない。適切な条件を与えられれば、チューリップは丈夫であり、他の多くの花よりも長く咲く。その一方、条件がよくなければ、まったく咲かない。

なぜあなたの天性には、特別な条件が必要なのだろう？　第3章で述べたように、わたしたち内向型人間の生理は、休息し消化する側の神経系、スロットルダウン・システムと結びついている。そのため体のあらゆる部分が、資源を保存する方向へ働くのだ。

わたしたちは、物思いにふけり、休眠するようにできている。脳はあまり〝快感のヒット〟を放たない。四肢を始動させるときは、意識する必要がある。また、低血糖、低血圧で、呼吸は浅く、睡眠障害や緊張性の頭痛を起こしやすく、ときおり枯渇感に見舞われ、混乱をきたす。

身体的なエネルギーをあまり持たないわたしたちは、超ハイオクガソリンをちょくちょく補給しなければならない。加えて、蓄えたエネルギーで自らに再充電する必要もある。その方法のひとつが、外界からの刺激を抑え、休憩時間をつくることだ。ところが、内向型の人の多くは、その孤独を好むひかえめな性格をずっと非難されてきたため、効果的な元気回復法を編み出そうとさえしていない。いまこそ、それを変えるときだ！

エネルギーをセーブする

エネルギーは、快適に生きるためにわたしたちが用いる燃料だ。最新の研究によって、燃料を最適レベルに維持する方法について、大切なことがわかった。エネルギーを囲いこむための第一歩は、それがどのように、どんな理由で増減するかを理解することなのだ。

エネルギーと言うとき、ほんとうのところわたしは何を指しているのだろう？　エネルギーはいたるところに存在する。それは通常、目に見えないが、さまざまな事象を引き起こしている。生きとし生けるものはみな、絶えずエネルギーを消費している。エネルギーなしには何者も、動きえず、働きえず、変化しえない。エネルギーは運動、電気、熱、音、光、核などさまざまな形をとる。手に持つことはできないが、日射しのぬくもりや光を楽しむとき、わたしたちは太陽エネルギーを感じることができる。また、吹き寄せる風やなだれ落ちる滝のパワーは音として聞こえるし、疲労と空腹がつづいたあと、栄養のある食事をとれば、エネルギーとスタミナがもどってくるのがわかる。

熱力学は、エネルギーを研究する物理学の一分野だ。熱力学の第一法則は、エネルギーは変換されるが、つくったり破壊したりすることはできないというもの、第二法則は、エネルギー（自由エネルギーという）を利用し、変換すると、それは無秩序状態になり（エントロピーという）、ふたたび秩序化されるまでは再利用できないというものだ。これは、繰り返されるサイクルである。その結果、エネルギーは絶えず自由エネルギーの状態からエントロピーへ、そしてまた自由エネルギーへと変化している。外向型の人は、外に出かけ、外界と交流することで、無秩序なエネルギーを自由エネルギーに変換する。内向型の人はじっとしていることで、無秩序なエネルギーを自由エネルギーに変換する。

あなたは自分に充分な休養時間を与えているだろうか？　資源が底をつきかけると、睡眠障害や摂食障害を起こしたり、風邪をひきやすくなったり、頭痛、腰痛、アレルギー症状に始終見舞われたりする恐れがある。また、以下に挙げるような症候も現れるかもしれない。これらの危険信号は、あなたがエネルギー危機におちいっていることを告げるものだ。以下の症状がひとつでも出たら、リフレッシュすべき時だ。

●不安、焦り、いらだちを感じている。また、怒りっぽい。
●思考力、集中力、決断力が低下している。
●すべてがめまぐるしく感じられ、混乱し、あたふたしている。
●追いつめられた気分で、生きている意味がわからない。
●枯渇し、消耗し、悩まされ、へとへとになっている。
●自分が自分でないような気がする。

自然は人間に、乱れたエネルギーを秩序あるエネルギーへと変換する数々の方法を与えてくれた。運動、栄養のある食物の摂取、五感に注意を払うこと、瞑想やヨガの実践、マッサージを受けること、休暇をとること、回復をもたらす環境をつくること。あるいは、家族や友達と交わること、人生の目的に集中すること、宗教やスピリチュアリズムから心の平和を得ること。自然はわたしたちに、自らをはぐくむ方法を各種とりそろえて提示しているのだ。

休憩をとって、心を鎮める

遺伝子の研究は、内向型の人が外向型の人に比べ、いったん消耗すると再編成までに時間がかかることを明らかにした。理由は何かって？　神経末端の受容体サイトにおける、神経伝達物質の再取りこみが遅いからだ。つまり、内向型人間が元気を取りもどすためには、休む時間がよりたくさん必要なのである。

内向型のあなたは、（たとえ自分では必要を感じていなくても）休憩を組みこむことで消耗を回避できる。短いお昼寝タイムや一服する時間を予定表に記入しよう。派手な色のペンを使って、〝休憩〟と書きこむとよい。二時間に一度、十五分ずつだ。スケジュールどおり、きちんと実行すること。一、二週間、そのような休憩をとって、自分がどう感じるか試してみよう。

わたしがインタビューした内向型のアニメ映画監督、テッドはこう言っていた。「以前のぼくは、精も根も尽き果ててから初めて休みをとっていました。ところがどうも仕事が追いつかなくてね。いまでは、短い休憩をいくつもスケジュールに組みこんでいます。そうしたら、以前のように無理したあげくに低迷することもなくなりましたよ」

休憩は、そのとりかたさえわかっていれば、内向型人間に不可欠な鎮静もしくは覚醒のエネルギーを生み出す最良の手段となる。

＜十五分休憩＞

●目を閉じる。体の緊張を解く。砂浜、湖、松林をそよぐ風を思い描く。
●短い散歩をする。
●伸びをし、あくびをする。うたた寝をする。
●レモン汁を数滴加えた、お茶か水を一杯飲む。
●宙を見つめ、頭を空っぽにする。

●筋肉を緊張させ、それから力を抜く。ふたつの状態のちがいを意識する。
●足を高くして、冷たいタオルか温かいタオルを額に載せる。
●ほほえみを誘うような出来事を思い出す。
（わたしの場合、孫に関することはすべてこの条件を満たしてくれる）
●おもしろいウェブサイトを見る。
●コンピューターゲームで遊ぶ。クロスワードパズルをやる。雑誌をぱらぱらめくる。漫画を読む。旅行のパンフレットを眺める。
●何か数行、日記に書く。
●子供用のおもちゃで遊ぶ。

＜三十分休憩＞
●昼寝をする。
●散歩をする。
●雑誌の記事をひとつ読む。
●通信販売で何か注文する。
●遠回りをして眺めのよい道を通る。
●子供やパートナーのために、サプライズのイベントを企画する。
●インターネットで古い友達をさがす。

●習慣を破り、いつもとは逆に何かやってみる。
（わたしはときどき、メアリー・ポピンズ風にデザートを最初に食べる）

＜二時間休憩＞

●書店へ行き、それまで勉強したことのない分野の棚を眺めて歩く。
●お弁当と好きな本を持って景色のいい場所へ行く。
●博物館や歴史的建物を訪れる。
●公園や庭園など美しい場所にすわって、空想にふける。
●ハイキングに行き、夕日を見る。
●パートナーと足や背中や肩をマッサージし合う。
●顔のパックと、冷たいアイパッドと、癒し系の音楽でくつろぐ。
●クッキーをつくって、職場や子供の学校へ持っていく。
●ジグソーパズルを始める。
●つぎの休暇の計画を立てる。
●古いアルバムやホームビデオを見る。
●窓から見えるところに花を植える。
●ゴルフの打ちっ放しをする。
●凧をあげる。

自分を甘やかすための休みをとろう

その遅めのテンポゆえに、内向型の人はしばしば自分は働きが足りないと感じ、結果として短い休憩しかとろうとしない。週末の一日をパジャマのまま本を読んだり、くだらないテレビを見たりしてベッドで過ごすようすすめると、クライアントたちは疑わしげにわたしを見つめる。「一日じゅう、ベッドにいていいんですか?」一度試してみて、なおかつ、さほど罪の意識を感じずにすんだ場合、彼らはしばしばそのリフレッシュ効果に驚く。いつもとまるでちがうことをしてみるのもまた、エネルギー回復のいい方法だ。たとえば——

●古い映画を三本借りて、途中に散歩タイムを入れながら鑑賞する。
●終日のミュージック・フェスティバルに参加する。
●デイスパへ行き、フルコースでトリートメントを受ける。
●電車でよその街へ行き、ランチをとり、また電車で帰ってくる。
●友達のひとりかふたりと思い出話をして、一日を過ごす。
●自分の住んでいる街のホテルに一泊する。
●どこか野の花の咲き乱れるところへハイキングに行き、お弁当を食べたり、写真を撮ったりする。

●好きなCDに合わせて歌いながら、車で遠乗りする。

深い呼吸でリラックス

あなたは一日じゅう、息を吸い、息を吐いている。しかしそれを意識したことは、きっと何日も、何週間も、いや、もしかすると何カ月もないだろう。酸素は生きるために不可欠だ。それは、生命維持に必要な栄養を筋肉へと運び、頭脳を明晰にし、充足感を維持することで、あなたのエネルギー・レベルを高める。あなたの体のあらゆる細胞が酸素を求めている。あなたが呼吸すると、酸素が体内に取りこまれ、二酸化炭素が排出される。充分に深く呼吸していなければ、酸素レベルは大幅に低下し、二酸化炭素レベルが上昇して血中の酸の濃度が高まり、結果として、頭は朦朧《もうろう》とし、気分も悪くなり、不安が増幅される。

自己批判に走らずに、自分が通常、どのように呼吸しているかに注目してみよう。あなたの呼吸は深いだろうか、それとも、浅いだろうか？（内向型の人の呼吸は一般的に浅い。これは彼らが、呼吸を遅くするスロットルダウン・システムにたよっているためだ）あなたの吸う息と吐く息の量に差はないだろうか、それとも吸う息のほうが吐く息よりも大きいだろうか？　呼吸するとき胸はふくらんでいるだろうか？　しばしば息を止めてはいないだろうか？　ため息はよくつくほうだろうか？

健康的な深い呼吸は、肺ではなく、腹部（へそのすぐ下）から生じる。意識を高めて、以下の呼吸法を練習し、エネルギーが高まるかどうか試してみよう。まず、マットやカーペットなど、楽な場所にあお向けになる。つぎに、頭の下にたたんだタオルをあてがい、膝の下には枕を入れる。それから、一方の手を腹部に、もう一方の手を胸の上にあて、大きく呼吸する。どちらの手が大きく上下しているだろうか？　目標は、腹部の手のほうが高くなるようにすることだ。

練習を繰り返せば、お腹からの深い呼吸が自然にできるようになる。息を吸いながら腹部をふくらませ、腹部をへこませながら息を吐こう。呼吸に合わせて自分のお腹が風船のようにふくらんだりしぼんだりするさまをイメージするとよい。鼻からリズミカルに呼吸しよう。最初は妙な感じがするだろうが、練習すれば腹式呼吸が上手になる。わずかな空気を肺に入れる形から腹式呼吸へと切り替えれば、エネルギーは高まり、気持ちも落ち着くだろう。

一日のどの時間でも、覚醒のエネルギーは、この速く深い呼吸によって高めることができる。まず目を閉じて、鼻から深く息を吸いこみ、そのまま息を止めて四つ数える。つぎに口から息を吐き出しながら、六つ数える。これを数回繰り返し、体の感覚に留意しよう。

いちばん楽な場所はどこか

内向型の人は周囲のことに気づかないという記述をしばしば目にする。わたしはそれはまったく逆だと思う。内向型の人のほとんどは、強く周囲を意識している。だから、刺激を感じすぎないよう、自動的に二、三の特定の事柄にのみ集中するのだ。内向型の人が、一日の間に取りこんだ全データを理解するためには、平和と静けさが必要だ。それなしには、彼らは考えることができない。往来の激しい高速道路の中央分離帯に立ったまま、つぎの休暇の行き先を決めなければならないとしたらどうだろう？　騒音、行き交う車、周囲のうるさい刺激のせいで、集中することなど不可能なはずだ。内向型人間は、刺激過剰になれば、情報を処理することができない。これは、わたしのクライアントの言う、脳内で〝ラジオの雑音〟がしている状態だ。ノイズばかりで、何ひとつクリアには聞こえない。

内向的であればあるほど、あなたには、刺激を処理し、充電するための静かな環境が必要となる。なぜ処理の時間がそこまで重要なのか？　なぜなら、それがなければ情報が満杯になってしまうからだ。新たな情報が古い情報の上につぎつぎ重なり、突然、入り口がふさがって、あなたはシャットダウンしてしまう。ガチャン。回路はパンク状態。そして麻痺が訪れる。

この現象を誤解する人は多い。説明しよう。わたしがこれまでセラピーを行ってきた内向型の人の多くは、自分をあまり利口でないと思っていた。ところが皮肉なことに、知能の優れた者の約六〇パーセントは、内向型なのである（一九九三年、シルバーマン）。真の問題点は、彼らが全生涯を通じて過負荷の状態にあることなのだ。彼らが脳のなかに〝何もない〟と思うとき、実はそこは〝満杯〟なのである。しかし、選別し、分類し、熟考する時間の必要性に気づかなければ、彼らは、自分には考える力がないものと思いかねない。いや、それどころか、自分の頭は空っぽだと思いこむ恐れさえある。

内省の時間がないかぎり、彼らには物事に対する自分の真の気持ちはわからないし、無意識に受け入れた情報にアクセスすることもできない。「自然に、その考えが頭に浮かんできたんです」――もっと休憩をとることを覚えれば。クライアントたちはそう言うはずだ。

内向型の人のなかには、処理時間のあと、自分の考えや気持ちを聞き上手なだれかに話すのが好きな人もいる。意見や感想はおそらく必要ない。反応がほしいときも、多くの場合、自分の言ったことを要約してもらうだけで充分だろう。それによって、彼らは自らの思考プロセスを評価し、はっきり知ることができる。有益なアイデアや建設的な解決策はそのうちきっと浮かんでくる。そのことへの自信も生まれるだろう。自分の処理方式を信じるのは、大切なことだ。

自分専用の避難所をつくる

内向型の人は、長時間、他人とともに過ごすと、ただ物理的に近くにいるというだけで消耗することがある。人混みにいれば、だれとも話をしなくても疲れを感じる可能性があるのだ。物理的スペースは、力の再編成に必要なゆとりを彼らに与える。内向型の人のほとんどは、テリトリー意識が強いため、自分専用のスペースを必要とする。彼らには、自分のものと呼べる現実の場所が不可欠なのだ。そういった場所は、自らのエネルギーをコントロールしているという安心感をもたらす。

リフレッシュ用のスペースは、安心できて居心地がよく、大勢の人や干渉、騒音や要求のない場所でなくてはならない。まもられた居心地のよい場所でないなら、それはエネルギーを与えるよりむしろ奪い取るだけだろう。

あなたにとって英気が養われる居心地よい場所とは、どんなところだろうか？　考え事をするのに必要な環境とは——難問にじっくり取り組んだり、空想にふけったり、思い出を楽しんだりするのに適した場とは——どのようなものだろう？　わたしのクライアントのエマは、観葉植物の枯れ葉を切り取ったり、置物を並べ変えたり、磨きこまれた硬材の床の敷物の静かな色調を味わったりしながら、家のなかを歩き回るのが好きだ。くつろいでいるとき、あなたは外からの刺激を抑え、エネルギーを補充しているのである。

別のクライアントのエネルギー補充法は、ふわふわの羽根枕の山に埋もれて、ミステリー小説に読みふけるというもの。また、デイヴィッドというクライアントは、四人の子供と超外向的な奥さんのいるせわしない家で暮らしているが、「外のガレージの書斎があるかぎり、大丈夫。そこなら一時間くらいは、こもっていられますからね」と言う。わたしの友達には、屋根裏に座禅用の小さなスペースをつくり、そこにクッションとキャンドルと深遠な絵とお香を持ちこんで瞑想する人もいる。

以下は、あなたが自分専用の隠れ家や避難所をつくる際、考慮すべき事柄だ。

- あなたは、戸外のスペースと屋内のスペースのどちらをお望みだろうか？　わたしのクライアントのひとりは、いまだに自分用に木の上の小屋をほしがっている。涼しい木陰のハンモックや寝椅子が好きな人も多い。また、やわらかな枕や毛布を持ちこんで、すわり心地のよい椅子やソファにいたいという人もいる。

●あなたは、どんな種類の光をどれくらいほしいのだろうか？　あふれんばかりの自然光なのか、キャンドルの光なのか？　ほのかなランプの明かりなのか、それとも、涼しい日陰がいいのだろうか？

●あなたの幸福感を高める色は何色だろうか？

●あなたは完全な静けさがほしいのだろうか？　音楽や、自然の音はどうだろう？　噴水の水音は？　耳栓や、音響装置や、ヘッドホンを使うという手もある。

●ペットがそばにいるのはどうだろうか（猫からは学べることがいろいろある。彼らはエネルギー補充のエキスパートなのだ）。

もし自分専用の部屋を持つというぜいたくが許されないなら、ついたてや鉢植えや本棚であなただけのスペースをつくろう。部屋の一画に敷物を敷くだけでも、独立した感じは得られる。クライアントのロシェルは、小学五年生のとき、妹といっしょに使っていた寝室にベッドカバーをつるして仕切りをつくったという。それは、自分の部屋を持とうという彼女なりの試みだった。中学生になってもまだ専用スペースの探究をつづけていた彼女は、さらに前進して喫茶コーナーを設けようとした。結局ベッドで我慢するしかなかったが（ベッドは避難所のほぼ全体を占めていたのだ）、何はともあれ、それは彼女のスペースだった。また、クロゼットのなかに自分のための小さな読書用ロフトをつくったクライアントもいる。

ひとつ覚えておいてほしいのは、あなたにはその時々でちがうタイプのスペースが必要かもしれないということだ。ずっと屋内にこもっていたのなら、広々とした戸外の感覚が必要だろう。しかし別のときには、暖炉の前でぬくぬくとするほうが好ましいかもしれない。個人のスペースをつくり出す方法は山ほどある。

わたしはよくクライアントたちに、外界から攻撃を受けていると感じたら、自分の周囲にバリアをイメージするようすすめている。外界の刺激から保護されているという安心感は、彼らのエネルギーを大いに高めてくれるのだ。

光と温度を調節しよう

内向型の人の体は、気温の変動や明暗のリズムに協調しているようだ。わたしたちの体は、外向型の人の体に比べ、朝はなかなか動きださない（これも、おなじみのスロットルダウン・システムのせいだ）。わたしたちが覚醒するには、自然光、特に、朝の明るい光が必要だ。ハーバード大学の研究者たちは、光と覚醒の関係を調べた。それによってわかったのは、人間は朝いちばんに少なくとも十五分、明るい光を浴びると、その日一日ふだんより元気でいられるということだ。自然光は、すべての人間に必要なものだが、ことに、活力を抑える側の神経系にたよっている内向型人間には欠かせない。自然光は、メラトニンというホルモンのレベルを調節する。メラトニンは、気分、眠り、生殖器系に大きな影響を及ぼす。

不充分な光は、メラトニンの蓄積を引き起こし、結果として憂鬱や無気力をもたらす。この状態は、冬季にはかなり深刻化することがあり、実際、ある人々には〝季節性情緒障害〟という診断も下されてきた。

光をより多く取りこむ方法はいろいろある。家庭や職場では、窓際にすわるとよい。蛍光灯（もっとも不自然なかたちの光）はできるかぎり避けること。〝光休憩〟をとるために、外に出よう。もしもあなたが北方に住んでいるなら、フルスペクトルの電球か、日光を再現するタイプの照明を使おう。オフィスに光源がひとつしかないのなら、追加の電気スタンドを持って仕事に行こう。

内向型の人は体温が低く、冷えやすいと聞けば、あなたは興味を抱くのではないだろうか。内向型の人の正常な体温は、平均して三六度台であることが多い。彼らのスロットルダウン・システムは、内臓による食物の消化を助けるため、末端から血液を引きあげる。そのため、手足は温かさをもたらす血液を少ししか得られない。ひどい寒さを感じているとき、内向型人間にとって、外での活動に乗り出すことはさらにむずかしくなる。また、彼らは、外向型の人ほどすぐに汗をかかない。汗をかくことは、人間の主たるオーバーヒート防止法だ。内向型人間は、オーバーヒート状態では、まともに機能することができない。あらゆる体の動きは這《は》うように遅くなり、思考もギギーッと止まってしまう。

内向型人間にとっての気温の快適ゾーンは比較的狭い。自らの最大限の機能を維持するために、つぎのことを心がけよう。

●気温に合わせて調節できるよう、重ね着をする。
●必要なさそうに思えても、セーターかジャケットを持っていく。

●携帯用カイロをポケットに入れておく。

●足指が温まったら脱げるように、薄いソックスの上に厚いソックスを重ねてはく。

●携帯用ヒーターや扇風機を職場に持っていき、室温を調節する。また、毎日少なくとも数回は、窓を開けて空気を入れ替える。

リラックスできる香り

他の感覚とは異なり、嗅覚には鼻から脳への専用の経路がある。チューインガムの匂いを嗅いだとたん、子供時代の思い出がよみがえってきたことはないだろうか？　わたしたちは香りにただちに反応する。なぜなら香りは、脳の感情中枢と記憶中枢のすぐ隣で処理されるからだ。

嗅覚は、わたしたちのもっとも基本的な系に影響を与えるため、スロットルダウン・システムに作用する。好きな香りを嗅ぐと、呼吸は遅く深くなり、結果としてわたしたちはより多くの酸素を取りこむことになる。これまで見てきたように、これらのふたつのプロセスは、わたしたちのエネルギー・レベルを高める。

また、香りが集中力と学習力を増すという研究結果もある。ある研究では、ふたつのグループの被験者が、点を結ぶパズルを解くよう求められ、つづいて、一方のグループはある香りを嗅がされた。その後、両グループが再度パズルを解いてみると、香りを嗅いだほうのグループは嗅がなかった人たちに比べて三〇パーセントも速くパズルを解き終えたのである。また、ストレス反応の別の研究では、ストレスの徴候を見せている被験者たちが、香りの強いリンゴの匂いを嗅がされた。すると脳波に、リラックスした覚醒状態を表すアルファ波が増加したのだ。

世界じゅうで、医療その他のさまざまな現場でアロマテラピーが活用されている。たとえばイギリスでは、ラベンダーを用いたアロマテラピーが不眠症の治療に、ジャスミンは不安症の治療に利用されている。また、同国のある研究では、ダイエット中の人に好きな香りを選ばせて嗅がせたところ、ほんとうにふつうより楽に体重を減らせたという！　日本には、生産性を高めるため、換気システムからレモンの香りを拡散させているオフィスもある。

アロマテラピーは、自分がいちばんよく反応する香りの精油を数滴嗅ぐというかたちで享受できる。入浴やシャワーの際に二、三滴落とすか、マッサージやマニキュアのときに使ってみよう。ティッシュに匂いをつけて一日数回嗅いでもいいし、アロマキャンドルを数本灯して家全体に香りを漂わせてもいい。

さまざまな香水、コロン、スパイス、食べ物の匂いを嗅いでみて、それらがあなたの気分や覚醒レベルにどんな影響を及ぼすか判定しよう。何がいちばん効くかわかったら、その香りを望みの気分を得るために利用するとよい。特定の匂いと感情を結びつける訓練をして、自分の鼻をプログラムしよう。たとえば、リラックスした覚醒状態になるたびに、オレンジの匂いを嗅いでいれば、そのうちオレンジの匂いを嗅ぐたびに、覚醒とリラックスの状態が呼び覚まされるようになる。

音楽が心を解放する

古来、音楽は、あらゆる文化のなかで、気分を変え、心理状態を改善するための強力な武器として用いられてきた。研究の結果は、多くの人が音楽によってセックス以上の喜びを得ていることを示している。音楽はわたしたちを活気づかせたり、くつろがせたり、行動へと駆り立てたりする。呼吸数、血圧、胃の収縮、ホルモンのレベルに作用し、その結果、免疫系にも影響を及ぼす。心拍数も、音楽のビートに合わせて、下降したり、上昇したりする。酸素処理が高まり、脳波が変化することもある（先ほど述べた、リラックスのアルファ波のことを思い出してほしい）。

いくつかの実験が、音楽の嗜好はきわめて特異的であることを示してきた。ある人にとって癒しとなるものが、別な人には耳障りに聞こえるのだ。また、あなたの音楽の好みは、日ごとに変わるかもしれない。ジャズでリラックスすることもあれば、イライラすることもあるだろう。さまざまな種類の音楽への自分の反応によく注意してみよう。あるスタイルが、あなたを楽しい気分にするのか悲しい気分にするのか、リラックスさせるのか活気づかせるのか。深く落ちこんでいるときは、その暗い気分に合った音楽を選び、そこから徐々にアップテンポの曲（ゴスペル、スウィング、ロック、レゲエ、ニューエイジ、ガンファイター・バラード、あるいはディキシーランド・ジャズ）に移って、憂鬱が晴れるのを実感しよう。

内向型の人はときに事を始めるのに苦労する。音楽はあなたにスターティング・ゲートから飛び出す力を与えてくれるかもしれない。それは、頭のなかの不愉快な声やつらい思い出から気持ちをそらせ、気分を引き立ててくれるだろう。リラックスするにつれ、あなたのエネルギーの蓄えは、使用できる燃料へと変換されていく。

時間をとって、外で自然の調べを楽しむことも大切だ。自然の音楽は、気分を新たにし、元気を回復させ、癒しを与えてくれる。わたしは、自然の音を収録したＣＤ（風と雨と稲妻と雷鳴に満ちた山の嵐）を聞くのが好きだ。それを聞いたあとは、たっぷり充電された気分になる。あるいは、窓の外に鳥のエサを置いて、さまざまなさえずりや呼び声を聞いてもいい。海辺や森のなか、湖のまわりをぶらつき、自然の奏でる生き生きした音楽にじっと耳を傾けよう。

研究の結果は、ハミングしたり、歌ったり、口笛を吹いたりすることにもまた、活気を維持する効果があることを示している。それらは、気分と意識を高め、不安を緩和する。多くの親がごく自然に赤ん坊に歌を歌って聞かせることを考えてみるといい。歌うことは酸素の摂取量を増し、神経伝達物質にも作用するらしい。

だから、シャワーのときや車のなかで歌を歌おう。ほんとうにやる気があるなら、合唱団に入ってもいい。歌うことでどんなに気分が明るくなるか、きっと気づくにちがいない。そして、口笛を吹くことも忘れずに。唇をすぼめ、息を吐き出して、あの忘れ去られたわざをもう一度使ってみよう。ますます元気が出ることまちがいなしだ。

元気になる食べ物と飲み物

わたしたち内向型人間は、その神経系の構造により、食物をすばやく代謝する。入ってきた食物はただちにエネルギーに変換され、使い果たされる。このため、ブドウ糖値を一定に保つのは困難になる。だが、一日じゅう着実に食べつづければ、絶え間ない栄養分の流れが得られ、血糖値を一定に維持することができる。いわゆる「だらだら食べる」ことは、眠気と同様に、気分の波や頭痛をも防ぐはずだ。

非常に評価の高い医療関係の著作家ジーン・カーパーは、その著書『奇跡の脳をつくる食事とサプリメント』（角川春樹事務所）でこう述べている。「あなたのニューロンがつくり出し、放出する神経伝達物質の種類と、その脳内での最終的な運命は、あなたが何を食べるかに大きく影響されている。当然、食物はきわめて重要な脳の調節因子となる」よく耳にする「あなたは、あなたの食べたものだ」という言葉は、あながち冗談でもなかったようだ。

以下は、神経伝達物質を栄養学的にとらえるためのヒントである。

アセチルコリンは内向型人間の主要な神経伝達物質で、学習力、記憶力、運動の協調性を高め、また、アルツハイマー病を防止する働きも持つ。エストロゲンはアセチルコリンを増加させるので、エストロゲンの不足によってアセチルコリン値が急激に低下する閉経期には、女性は記憶障害を起こす傾向がある。アセチルコリンを増加させる最高の栄養源は、魚（サケ、ニシン、サバ、イワシなど)、卵黄(最高の栄養源)、小麦麦芽、レバー、肉、ミルク、チーズ、ブロッコリー、キャベツ、カリフラワー、レシチン含有物である。

セロトニンには、鎮静作用がある。その基礎単位はアミノ酸の一種、トリプトファンだ。トリプトファンは、炭水化物の摂取によって産生される。炭水化物は糖であり、澱粉、精製された穀物、豆類、野菜、多くの果物に含まれている。炭水化物にはふたつの種類――即放性のものと徐放性のもの――があり、それぞれ異なるかたちで血糖とセロトニンに作用する。ミルキーウェイ(チョコレートクリーム・ヌガー、キャラメル、ミルクチョコレートが三層になった菓子)は、即放性炭素だ。それはすばやく分解されて、血糖値を急上昇させ、セロトニンを増やす。あなたのエネルギー・レベルは一気に高まり、それから急激に落ちこむだろう。ひとつ食べると、たちまち活気づくものの、一時間後にはIQが五〇に下がったような気がするかもしれない。

ローファット・ヨーグルトは、徐放性炭素だ。それは、時間をかけて溶けるカプセルのように徐々に分解され、血糖値とセロトニンを増加させる。一日の適切な時間帯に、分解の遅い炭水化物を摂取すれば、セロトニンが徐々に放出され、気持ちが落ち着くだろう。徐放性炭素は、夕方、心を鎮めるのに適しており、また、眠りをうながす就寝時のスナックとしても向いている。

ドーパミンは、あなたの覚醒度を高め、空腹感を和らげる。その基礎単位はアミノ酸の一種、チロシンである。チロシンはタンパク質の摂取によって、血流中に放出される。タンパク質は脳の働きを活発にし、空腹をすばやく満たす。したがって、毎回、食事の最初にタンパク質をとるのは賢明なことだ。魚、肉、卵、乳製品、ピーナツバター、豆、ナッツは、すべてタンパク質を含んでいる。タンパク質には低脂肪のものと高脂肪のものがある。覚醒状態を保つために、低脂肪タイプのタンパク質を一日を通じて少量ずつ摂取しよう。

最後に、水についてひとこと。ぜひ水を飲もう。あなたの体の各部はすべて、機能するために水を必要としている。体の少なくとも六〇パーセントは水分であり、体液はそこからつくられている。あなたは一日じゅう、水分を失いつづけている。そして、脱水状態になれば、エネルギーは低下する。だから、始終、水を飲みつづけよう。栄養学者は、一日八杯をすすめている。体は喜ぶにちがいない。そしてあなたは、すべての細胞を元気に保ち、丸々と太らせておけるだろう。

眠りが心と体を整える

スタンフォード大学医学部、睡眠障害クリニックの会長である医学博士ウィリアム・デメントは、こう述べている。「かなりの数のアメリカ人、おそらくは大多数が、毎日、睡眠剥奪による機能障害を起こしている」

睡眠不足はいらだちやミスを増し、感覚を鈍らせ、集中力を低下させる。何よりも深刻なのは、それによって夢を見ている状態、レム睡眠が奪われることだ。レム睡眠中に、わたしたちは日々の経験を長期記憶に蓄積する。充分な睡眠が得られなければ、この重要な脳の機能は失われてしまう。そして頭が空っぽになるという、あの多くの内向型人間の恐れがほんとうに現実となる。

内向型の人が睡眠障害を起こしやすい理由のひとつは、彼らの脳が非常に活動的であることだ。

脳の刺激を司る部分への血流量は、外向型の人よりも内向型の人のほうが多く、彼らは絶えずさまざまな刺激に（外からと同様になかからも）さらされている。彼らには、精神のスイッチを切って、周囲の世界をシャットアウトしたり、内なる声を静めたりすることができない。このため、興奮を鎮め、リラックスし、専門家が必要だと言う七、八時間の睡眠を得ることは、よけいむずかしくなるのだ。

つぎに、眠りの精を呼びこむためにいくつかの助言をしておこう。

- 内向型人間は一般的にカフェインに対する感受性がかなり高い。コーヒーは朝までひかえること。
- 寝室の窓にブラインドをつけ、耳栓か音響装置を利用して雑音を遮断しよう。
- 寝室からテレビを運び出そう。
- 心の落ち着く就寝前の儀式を考案し、寝る時間、起きる時間を毎日同じにしよう。
- 寝室を涼しく保とう。
- 眠れなかったら深く呼吸をし、これは体のためになることなのだ、と自分に言い聞かせよう。実際、それはほんとうだ。

内向型人間の健康管理術

内向型の人は、外向型の人よりすわっていることが多い。彼らはあまり動きたがらず、概して運動が好きでない。しかし、健康維持の方法を見つけるのは大切なことだ。なぜ運動が重要かと言うと、ひとつには、それが脳へ送られる酸素の量を増加させるからだ。酸素が増えれば、神経伝達物質と記憶の機能は高まる。また、筋肉に多少の負荷を加えれば、体は強くなり、耐性と柔軟性を増す。さらに、運動は心臓と肺を強化し、体全体のスタミナを高め、あなたを溌剌《はつらつ》とした気分にさせる。

運動に関してわたしにできる最高の助言は、ひとつかふたつ好ましいものを見つけ、フィットネスのひとりデートの日をカレンダーに書きこむというものだ。あとは、とにかくやること。なかには団体スポーツが好きな人もいるが、内向型人間のほとんどは、ひとりでもできるスポーツを好むようだ。ヨガ、ストレッチ、水泳、武術、軽いウエイトリフティング、ダンス、インラインスケート、自転車、あるいは、あの蛍光色の車輪のついたアルミの片足スケートですべって歩くことなどは、すべて健康によい。わたしは歩きながら、オーディオブックを聞くのが好きだ。内向型の英語学教授、マニーは、毛玉のように歩道を疾走していく二匹の子犬、キーツとシェリーをつれて散歩をする。また、別のクライアントはボートを漕ぐし、他の何人かはゴルフを楽しむ。

自分のペースを維持することを忘れないように。週三回、三十分ずつ運動するほうが、二週間に一度、数時間運動するよりも好ましい。大事なのはつづけることだ。運動はなかなかつづかない。残念ながら、多くの人にとってこれが現実だ。内向型人間のほとんどは、外向型の人とちがって運動でエネルギーを高めることができないし、それによって得られる〝快感のヒット〟も弱いので、一度中断したらまた始めるのは容易ではない。運動は心身の健康増進のためであることを忘れないこと。運動を終えたら、自分にご褒美——新しい本、熱いシャワー、コンピューターゲーム、映画など——を与えよう。

ひとりが好きだからこそ、友を持つべし

内向型の人はしばしば孤立していると感じ、ときとして孤独を覚える。これまで説明してきたように、これには、数々の複雑な心理的、生理的要因がある。しかし、特に見過ごせないのは、わたしたち内向型の大多数が、比較的少数の友人しか持たないという点だ。知り合いのほとんどを友人と見なす外向型の人とちがって、わたしたちは、人間関係はすべて〝深く〟〝有意義〟でなければならない、そうでなければ本物とは言えない、と思っている。しかし、より多くの知人を友と見なし、浅い関係もまた深い関係と同じくよいものだと認めれば、世界はもっと暮らしやすい場所となる。多くの友を持つことはまた、人生に趣を添えてくれる。このままでは、わたしたちはマンネリズムにおちいってしまうだろう。

いろいろなタイプの友が必要であるもうひとつの理由は、それが精神的支えの保険となるからだ。ある友人がそばにいなかったり、引っ越したり、亡くなったりした場合、あるいは、なんらかの理由でその人との関係が終わった場合、わたしたちは充分な心の支えのないまま取り残され

てしまう。こうしたことは、年をとるとともに多くなる。

わたしたちには、楽しいこと、ためになることを話し合う相手が必要だ。あらゆることを話題に何時間でも話せる相手も、あまり話をしなくていい相手も。また、読書の友、意見を交わす友、ともに沈黙を楽しめる友、ともに馬鹿になれる友、何か（旅行や買い物や映画鑑賞）をいっしょにする友も。幼児からお年寄りまであらゆる年齢層の友が、わたしたちには必要だ。内向型の友も、外向型の友も。そして、内向型人間を理解してくれる友も。

心地よい友情をはぐくむには――

●外向型の友達に、内向性について教えよう。そうすれば、心を傷つける心配もない。あなたが電話やEメールをするのには充分なエネルギーが必要だということ、あなたからの連絡が数週間途絶えても気にしなくてよいことを、彼らに説明しよう。

●内向型の友達に、内向性について教えよう。彼らは自分自身の気質について、あまり知らないかもしれない。

●少なくとも二週間に一度は、友達とランチをともにしよう。

●ときどき友達を家に招こう。何時から何時までとはっきり伝えておくこと。

●不愉快な友達もどきとは、さよならしよう。

自分らしく生きるための決意表明書

あなたの人生にとって意味のあることとはなんだろう？　あなたはどこにどんな変化をもたらしたいのだろうか？　すべての人は、人生の目的を持って生まれてきている。目的がないのではないか、あるいは、思いつかないのではないか、と思うと不安になるかもしれない。でも、やればできる。内向型の人の多くは、自分がこの星に存在する理由を知りたいと願っている（それは、世界を救うためである必要はない）。そのことがわかれば、いちばんやりがいのあることに内部の力を注ぐこともできる。明確な目標は、人生に意味を与え、エネルギーを高めてくれる。なぜならそれは、方向性を与えるからだ。こうして、あなたの人生は形を成し、意欲は増し、不満は緩和される。

内向型の人は、外向型の人ほど外の世界で活動するためのエネルギーを持ち合わせていない。そのため、自分にとってもっとも大きな意味のある何かに集中することは、彼らにはとりわけ重要だ。また、彼らは日々の務めや責任に圧倒されがちなので、ほんとうに自分がしたいことはなんなのか考えるのを忘れてしまうことがある。

すでにあなたは、自分の目的を明確に述べられるかもしれない。もしそうでなく、なおかつ、決意表明書をつくりたいと思うなら、つぎの五つの質問をとっかかりにするとよい。最初に浮かんだ考えを逃さないよう、答えをメモしていこう。何か思いついたら、それについてあれこれ考えてみよう（第9章で設定した目標と優先事項も、参考になるかもしれない）。もだえ苦しむ必要はない。もしも「幸せになりたい」と思ったなら、あなたを特に幸せにするものはなんなのかを考える。それから、自分の考えをひとつの段落にまとめ、それを二、三日寝かせてから、再度検討する。あなたが書いたことは、石碑に彫りこまれるわけではない。いつでも発展させたり、変更したりできるのだ。それを忘れないこと。

①自分にとって、人生でいちばん大事なこととはなんだろう？
②自分が世の中に与えたいものはなんだろう？
③この生涯の間に、○○○○がしたい。
④どうすれば、これらのことを実現できるだろう？
⑤この旅の間、自分がいっしょにいたいと思う人はだれだろう？

さあ、やってみよう。完璧なもの、深遠なものである必要はない。五つの質問の答えがすべて含まれていなくてもかまわない。大事なのは、それがあなたのためにつくられているということだけだ。修正や更新はいつでもできる。決意表明書は、あなたが自分にとってもっとも大事なことにエネルギーを注ぎ、自らの価値観と才能に基づいて有意義に生きる助けとなる。その力を借りて、あなたはフルに生きているという実感が得られるのだ。

あなたの天性をていねいに育てよう

自分自身を、本章の冒頭で触れたチューリップとしてイメージしてみよう。生気に満ち、優雅で、丈夫で、華やかで、驚異的な花として、考えてみるのだ。あなたは、自分だけが与えうる特別なケアを必要としている。ある意味では、この先一生、自分に適した環境の維持に努めなくてはならないというのは、いらだたしいことだ。しかし見かたを変えれば、自らをケアする力が自分にあるというのは、喜ばしいことでもある。仕事で失敗したときは、本章を読み返し、花を育てる園芸家のモードにもどろう。そこに立ち返ることは、いつでも、そして、必要なだけ何度でもできるのだ。

第10章　外へ――あなたの光で世界を照らそう

恐れることと、恐れに尻尾をつかまれ、振りまわされることとは、まったく別である

――キャサリン・パターソン

いまのあなたは、自分が内向型であることを認識し、自分らしく心地よく生きる道へと順調に向かっている。今度はふたたび、ほんの少し、心地よくないほうへもどってみよう。これにはちゃんと理由がある。なじみ深い領域内に留まっていれば気楽だろうが、それは必ずしも実際的とは言えない。

内向型の人がしなければならないことで、外向型のスキルが求められることは多々ある。たとえば、新しい仕事をさがすときや、子供のかかりつけの医師を代えるとき、あるいは、新しい友達をつくるときは、外向型のスキルが必要となるだろう。もしもわたしが自らの限界を押し広げようとしなかったら、本書は生まれていなかった。これを書くために、わたしは歯を食いしばってあちこちに電話をかけたり、インタビューをしに出かけたり、人前で話をしたりしてきたのだ。

どんな人にも、目標や夢を達成するために外向的にならざるをえないときはある。わたしたちは、自らの快適ゾーンを離れ、外に出かけなくてはならない。そのあとは、さっと引きあげてくればいい。

外向型の人は灯台に似ており、エネルギーを外に注ぐようにできている。自分自身とは別のところへ注意が向けられており、彼らは絶えず、外の環境を探査しているのだ。外界こそ、彼らがエネルギーを得る場所だ。また、彼らはそこで、ドーパミンの活動により〝快感のヒット〟も得ている。内向型人間はそうはいかない。わたしたちは、カンテラのようにできている。内部の力を示唆《しさ》するほのかな明かりなのだ。わたしたちの注意はつねに、内面をさぐっている。現実世界へ出ていくときは、そのやりかたを変えなくてはならない。なかの明かりを落とし、別の明かりをつけて、その光を外へ注がなくてはならないのだ。

外向型の人は、自信ありげに、恐れることなく、さっさと世界に飛びこんでいく。彼らは話し好きで、開放的で、自然体で、ほとんどなんでもやってみたがる。彼らに内向型人間のスキルを学ぶ必要があるように、わたしたちにも、彼らのスキルを学ぶ必要がある。

本章では、あなたがなるべくすんなりと不安なく外へ向かえるよう、いくつかの戦略を教える。あなたもきっと、さまざまな〝外向型の態度〟を取りこめるようになるだろう。それは、より軽やかで、のんきで、自信に満ちた人生に対する姿勢だ。そして、ほんの少量ずつ、短期的になら、あなたもそれを用いることができる。

「じっとしていれば快適」という幻想を捨てよう

幼少のころから、わたしたちはなじみ深いものによって安心感を得ている。どんな気質の子供も、なじみのない場所には毛布やぬいぐるみを持っていく。そのすり切れた布地は、彼らに暖炉や家庭を連想させる。すると、恐れや不安は消えていくのだ。大人になってもなおわたしたちは、なじみ深いものを求めつづける。それが、被圧倒感を和らげてくれるからである。内向型の人は、外向型の人以上に、慣れ親しんだものから安心感を得ている。外の新たな情報を取りこむのには、エネルギーが必要なのだ。

内向型の人は、心地よさが保たれていれば大丈夫だという幻想を抱いている。しかし、その幻想には限界がある。どんなに念入りに人生を構築しても、あなたは必ず、障害や困難や邪魔物、不快な感情に遭遇し、それらに対処する必要に迫られる。そのときは、新しいやりかたを試み、いつもとちがう不慣れな感じに耐えなくてはならない。

また、成長とはそもそも、ちょっと新しい自分を感じることなのだ。隔離された生活は不快な感情からあなたをまもってくれるかもしれないが、同時に新たな経験や人との出会いを制限してしまう。このふたつはどちらも、あなたに力を与え、想像したことさえない喜びをもたらすものだ。

あまりに心地よい状態に収まっていると、人はその人格の多面性を失ってしまう。使っていないと力の出ない筋肉のように、人格の各部もときどき動かさなければ、鍛えることはできない。そのうえ、新たな情報や課題がなければ、あなたは退屈し、落ちこんでしまうだろう。見捨てられ、拒絶され、失望することへの恐れは、そうした恐れが必ずしも現実に根ざしていないことを物語るプラスの体験がなければ、さらにふくらむ可能性がある。

外に向かっているとき、あなたは急速に燃料を消費している。だが同時に、新しい考えや関係や経験を獲得してもいるのだ。内向型の人はそのことを心にきざむべきである。世界は刺激的な場所だ。外向型の人とちがって、あなたには自分の光をあたり一面に降り注ぐことはできない。しかし、自分の〝外向エネルギー〟を好きなエリアにピンポイントで注ぐことはできるだろう。

あなたはいかなるときも自信を持つことができる

自分は本来のニッチでない環境下でもちゃんとやれる――わたしたち内向型人間には、そんな自信が必要だ。気むずかしい同僚に立ち向かったり、買ったものを返品したり、販売促進活動を行ったり、子供の学校に苦情を言ったり、読書クラブに入会したりすることは、どれも難題となりうる。しかし難題とは解決しうるものであり、自分に自信を持つことは解決に向けてのよいスタート地点となる。覚えておこう。あなたにも、外向型の人のように輝くことはできる。そのあとは炎をしぼって、いつものカンテラにもどればいい。外に向かっている間は、自分の状態に充分注意し、ときどき休憩をとることだ。報いはきっとある。

内向型の人の多くは、〝外向型の世界〟でちゃんとやれる自信がないために、自分の快適ゾーンに留まっている。外を出歩いていると、彼らはしばしば圧倒され、自らの能力を思い出せなくなる。外向型の人々と我が身を比べ、自分はだめだと決めつけることもあるだろう。劣等感を感じたくないがために、彼らは引きこもってしまう。内向型の人もまた、わたしたちの文化に幅を利かせている考え――個人の価値は、その人がだれかではなく、何をしたかで決まるという考え――にとらわれているのだ。

『自信――それを見つけ、それを生きる』の著者、バーバラ・デ・アンジェリス博士は、「あなたの自信が自分が何を成し遂げたかではなく、自分がだれであるかに基づいているなら、あなたは、どんな人もどんな状況も奪うことのできないものをつくりあげたことになる」と語っている。内向型人間の能力の多くは外向型の世界では評価されていないので、わたしたちにとってこれはとても重要なことだ。

自信というのは、誤解されやすい言葉である。世間の人は、この言葉を外向的に解釈し、行動がすばやいこと、エネルギッシュであること、多数の事柄を達成することとしてとらえている。しかしもしそれがほんとうなら、自信があるのは、オリンピックの金メダリストのような人ばかりになるはずだ。この世界はそのようにはできていない。もしそうなら、大多数の人は取り残されてしまうだろう。それに、ある分野で頂点をきわめ、偉業をなしたように見えながら、麻薬やアルコールに溺れるなど、自滅的な行動をとる人がどれほど多いことか。加えて、もしも自信がすでに得意なことに根ざすものなら、新しいことに挑戦するのはむずかしくなる。新しいことを始めるとき、あなたは初心者であり、学習曲線をたどらねばならず、不器用である。成果のみに基づく自信は、新しいことに興味を抱き、取り組む力をそいでしまう。

また、もしも得意なことをやっているときにのみ自信を感じるのなら、それをやっていないとき、あなたはどうなるのだろう？　たとえば、子育てをしているときにのみ、自分の能力を確信できるのだとしたら、子供があなたを必要としていないときは、どうすればいいのだろうか？あるいは、あなたが介助の仕事をしているとしたら、だれかに奉仕していないとき、あなたの自己認識はどうなるのだろう？　また、仮に病気になって、何も達成できなくなったら、あなたにはもうなんの価値もないのだろうか？

成果に基づく自信と、自己の内面的特性に基づく自信との間にはちがいがある。学校を卒業する、かっこいい車を買う、昇進する、銀行に一定額の預金を持つ、といった特定の目標を達成すれば、気分はいいが、その喜びはすぐに薄れてしまう。調査によれば、大出世のもたらす満足感は、長くても六カ月程度しか持続しないという。わたしたちが自信を感じるためには、つねに自分に付随している何かが必要なのだ。自信は、わたしたちが外で行う事柄でなく、わたしたちのなかにあるものに起因していなくてはならない。

では、あなたの内向的な自信を高めるには、どうしたらよいのだろうか？　必要なのは、ちょっとした観察力だけだ。まず、銀行に自信の預金口座があるものと想像しよう。そして、目標や優先事項へ自分を推し進める行動をとるたびに、金額を加えていく。自分が〝自信の硬貨〟を口座に入れているところを思い描こう。もっといいやりかたは、自信のノートに〝預金額〟を記録していくことだ。自分の気持ちを信頼し、尊重することができたときや、前向きな気持ちになったときは、そのつど硬貨を投入しよう。おっかなびっくりでもいやな電話がかけられたら、やはり入金だ。他人からの批判を、全肯定もせず全否定もせず、客観的に検討できたときも。そして、その批判にどう応じるか決められたときも。何かに失望したら――たとえば、希望していた新しい仕事に就けなかったら――数日間は、落ちこんでいてかまわない。その後、仕事は他にもあることを思い出したら、札束を口座に入れて、つぎのところへ履歴書を送ろう。

外に向かうときは、自信のノートを眺めるか、巨額の残高を思い浮かべてみるとよい。その大きな金額は、ほしいものを得るために働く力が自分にあること、また、自分自身をあてにしてよいことを思い出すよすがとなる。あなたには弾力がある。必要とあれば、助けを求めることもできるし、行く手を阻まれたり失望を味わったりしても、すぐ立ち直ることができるのだ。

おなじみのパターンを変えてみる

外向型の人は一般的に、長時間、同じことをつづけはしない。彼らは考えるより先に、立ちあがって動きだす。しかし、内向型の人にとって何かに着手することは、エベレストに登るのにも等しい。彼らは、踏み慣れた道の外へ出るとき余分なエネルギーがかかることを知っている。それに、体を動かしても〝快感のヒット〟によって報いられることはないので、楽にじっとしていられる。なじみ深いものと向き合うときは、さほどエネルギーはかからない。

しかし、世間に充分接していないと、内向型人間は、自分だけが多くの悩みをかかえていると思いこむ恐れがある。そうして、自分はどこかおかしいのだという考えが強化され、彼らはますます恥じ入り、孤立を深めてしまう。内向型人間の多くは、人生にはストレスと緊張がつきものだということ、どんな人でもなんらかのかたちで苦労しているということに気づいていないのである。

では、マンネリズムにおちいった内向型人間は、どうすればよいのだろうか？　驚くかもしれないが、たったひとつの行動を変えるだけで、あなたは自分の望むどんな変化でも起こすことができる。それはちょうど、池に石を投げこむのに似ている。さまざまな波紋が水をうねらせ、水面全体を変えてしまうのだ。

つぎの方法を試してみよう。

●自分が変えたいひとつのパターンにねらいをつける。
●そのどこか一点をいつもとちがうかたちで行う。
●別の状況下でうまくいった方法を用いてみる。
●逆説を用いる。どうすれば問題がさらに悪化するか考えてみる。
●どうなっているか、ではなく、どうしたいかに気持ちを集中させる。
●成功を祝う。いつもとちがうことをしてみると、解放感が味わえるものだ。

実際にこの方法を使った例をひとつ挙げておこう。わたしのクライアントのアレックスは、毎晩、仕事からまっすぐ家に帰ってテレビを見ているが、このパターンを変え、少なくとも週に一度は出かけたいと思っていた。①彼の場合、いったん家にもどったらなかなか外に出る気になれない。そこでわたしは、職場からまっすぐどこかへ行くようすすめた。映画を見にいく、美術館を訪れる、同僚とカフェへ行く、ショッピングセンターをぶらつく、などだ。②つぎにわたしは、この先三週間、どこへも出かけられないとしたらどんな気がするか、想像してみるよう彼に言った。③多くの場合、この想像は、驚くべき推進力となる。それは恐怖心を消し去るのだ。彼の頭には突然、行きたいところがたくさん浮かんできた。そこでわたしは、リストアップした楽しい場所のいずれかにいる自分を想像してみるようすすめた。ゴルフの練習場でボールを打っているところ、プラネタリウムや書店にいるところ、木曜夜の美術館めぐりをしているところ、などだ。さらにわたしは、つねに自分の選択肢を思い出せるよう、「週末の遊び」と題した紙にそれらすべてを書き留め、職場か車のなかに置いておくよう言った。④実際、彼は図書館に本を読みにいき、楽しい時を過ごした。

のびのびと人生を楽しもう

外向型の人は、愉快なことが大好きで、世界との交わりを大いに楽しんでいる。これに対して内向型の人は、きまじめすぎるきらいがある。きっと子供時代、ふざけたことをして叱られたせいで、そうした一面を見せないのだろう。また、内向型の人は自意識が強く、人の注意を引きたがらない。だから、陽気に振る舞えば、馬鹿みたいな気分になると思っているのかもしれない。しかし、遊びや開放的な行動は、わたしたちの活力を高め、人と人とを結びつけ、人生のすばらしさを増し、地平線を広げてくれる。生の喜びがなければ、わたしたちは陰気で冷たい人間になってしまうだろう。

遊びとは、自分自身に〝なんでもあり〟の場を与えることだ。どんどんブロックを積みあげていく子供たちを見てほしい。ブロックの山はやがて崩壊し、床に散乱して、世にも奇妙な模様を描く。子供たちは大喜びだ。新しい何かが起こったのである。幼児の研究は、親と赤ん坊のもっとも重要な絆が遊びであることを示している。それは、人と人とをくっつける接着剤なのだ。遊びはまた、緊張を解き放つ。それは、さまざまな発想の間に新たなつながりを生み出して、あなたの思考を自由にし、脳にかかった蜘蛛《くも》の巣を吹き払ってくれる。

講演を行うとき、わたしはまず、招いてくれたことに感謝を述べ、それからこう言う。「ちょっとお待ちを。中年になるとどうも目が……」そうして、バッグに飛びつき、あのグルーチョ・マルクスのメガネをかけるのだ。聴衆に目を向けると、たいていの人は笑顔を見せるか、声をあげて笑ってくれる。一同の気分はちょっと明るくなり、わたしはみながまとまったのを感じる。

遊びが必要な一方、内向型の人にとって、開放的な環境は脅威となるかもしれない。なぜならそれは、不確実を意味するからだ。しかしこの世界は不確実なものであり、人生の魅力の多くはまさにそこから生まれている。思いがけない発見は、さまざまなことを引き起こす。あなたは初めて通る道で、未来の夫や妻にめぐり会うかもしれない。心を軽くし、人生の意外性を楽しむことができなければ、外に向かうこともできない。

内向型の人のほとんどに楽しい面があることを、わたしは知っている。遊び心は、内向型の人の恐れを軽減し、エネルギーの枯渇を抑えてくれる。あなたの遊び心を引き出すために、昔からひそかにやりたいと思っていたこと（いつもはやらないようなこと）を五つ書き出してみよう。枠にとらわれずに考えること。

以下にいくつか例を挙げておこう。

●レストランで、これまで食べたことのないもの、たとえば、カタツムリを注文してみる（エスカルゴのことだ！）。

●土曜日に、思い切り夜更かしする。または、すごく早起きをする。どちらでも、いつもとちがうほうを選ぼう。

●見たことのない古いミュージカルを見る。《雨に唄えば》《オクラホマ！》《足ながおじさん》など。

●ネパール、タヒチ、ロシア、アマゾン河流域などへ、空想の旅をする。匂いや空気、景色や音がどんなか想像したり、そこで出てきそうな変わった食べ物を思い浮かべたりしよう。たとえば、ヘビのローストなど。どんな味がするか、想像してみよう。

●子供のころいつもやりたいと思っていたのに、まだ幼いからという理由で親に許してもらえなかったことをやってみる。わたしが許してもらえなかったのは、おもちゃの家を持つことだった。そのときの思いを活かして、望みのものをつくってみよう。

外へ向かう七つの戦略

自信を高め、パターンを変え、遊びかたを学んだなら、あなたはいつでも外の世界と向き合える。以下は、その冒険をさらによいものにする七つの戦略である。

①勇気を出して口を開く

外向型の人は話し好きだ（結果として、内向型の人よりも話を聞いてもらえる）。外向型の人は、長いこと耳を傾けるのは好きでなく、内向型の人がゆっくりと、あるいは、ためらいがちに話していると、聞くのをやめてしまう可能性がある。なかには、その小さな声や物事の両面を見る能力を理由に、内向型人間をあまり利口でないとか、煮え切らないなどと見なす外向型人間もいる。

あなたは、昔から発言を無視されたり見過ごされたりすることが多かったのではないだろうか。あるいは、人に話を聞いてもらうのは容易でないと感じてはいないだろうか。もしそうなら、あなたは自己を表現しようという気をなくしているかもしれない。また、そのことによって、疎外感をも抱いているだろう。しかし驚くのは、ほんのちょっとしたコツが、大きなちがいを生むということだ。三週間つづけて週に二度、エネルギーがたっぷりあると思える日に、つぎの方法を試してみよう。

外に出かけて二、三人の知らない人に声をかける。すぐそばにいる人で親切そうな人を選び、その場にふさわしいことを何か言う。「あのカエデの紅葉、すばらしくきれいですよね」「この店は、ずいぶん待たせますねえ」「わたし、このパン屋の蜂蜜パンが大好きなんですよ」ふだんよりやや大きめの声で、やや早口に話すこと。言葉は短く。内容はひとつにしぼる。あとは、買い物するなり、すわっているなり、列で待つなり、そのときしていたことをつづける。どうなるかやってみよう。自分が少し動揺しているかどうかにも注目しよう。知らない人に話しかけるだけでも、たいていの内向型の人にとっては大きな刺激となる。心が乱れる可能性を頭に入れたうえで、簡単なことを言ってみよう。楽々としゃべっている自分の姿を思い浮かべるとよい。

話しかけた相手が気軽に返事をするかどうかにも注意しよう。相手が何も答えなかったら、きまりが悪いのだと見なす。自分に問題があると考えてはいけない。逆に、相手が話に乗ってきたら、気持ちのよい軽い会話が人と人とのつながりを感じさせることを再認識しよう。この経験が動機となって、あなたは人と接触したくなったとき、もう少し余分にエネルギーを使うようになるかもしれない。

知らない人と突発的に話す練習ができたら、今度は力を結集し、もっと長い任務（あまり気の進まない何か）に当たる番だ。たとえば、商品の返品（内向型の人は、返品をいやがることが多い）。返品がどうしても無理なら、他のこと、たとえば、電話会社の請求書のおかしな点をただす、といったことに挑戦しよう。不安度の高い任務を選ぶこと。内向型の人は、この種のやりとりに必要な速いペースを恐れることが多い。それは先の見えない交渉であり、即断即決が求められるかもしれず、軋轢《あつれき》も頻繁に起こる。内向型の人の多くは、ひどい不安と混乱を味わうことになるだろう。しかし、怯えて逃げ出してはいけない。

冒険に乗り出す覚悟ができたら、言うべきせりふを稽古しよう。たとえば、「このセーターを返品したいんですが。あいにくサイズが娘に合いませんでしたので。これが領収書です」何度か予行演習を行えば、もう大丈夫だ。

調査によれば、大きな声で速くしゃべり、俗語を使わない人は、頭がいいと見なされるという。子供の学校の先生と話すときも、オフィスで同僚と打ち合わせをするときも、家で親戚が集まっているときも、短く明快な言葉を使い、力強い明瞭な声で、まっすぐ相手の目を見て話そう。グループでいるときは、つねにつぎのようなつなぎの言葉を使おう――「ひとつ付け加えたいんですが……」「さっきジムが言ったように……」任務を完了したあとは、必ずちょっとしたご褒美を自分に与えよう。

② 心のイライラをすばやく鎮める

心をかき乱す出来事は、毎日あるものだ。運転中、他の車に割りこまれる、大事な約束に遅れる、コンピューターがフリーズする、ボスに注意される、お得意様の名前を忘れてしまう、お気に入りのシャツに何かをこぼす……数えあげればきりがない。

内向型の人は一般的に、外向型の人よりも日々のイライラに影響されやすい。彼らは、内なる世界を強く意識している。そのため、ストレスに対する自らの反応を、より速く、より鋭敏にとらえるのだ（外向型の人は、内なる世界にさほど注意していないため、悪い情報も、アヒルの背中の水のようにはじかれてしまう）。

神経科学によれば、なんらかの反応が起こったら、その反応は増幅するに任せるよりも、処理したほうがよいという。その著書『高エネルギーな暮らしかた』で、ロバート・クーパー博士は、どんな状況にも効く、心を鎮める方法を呈示している。わたしはその方法を応用し、〝速効鎮静術〟というものを編み出した。他の多くのストレス対処法とはちがって、この方法は、わずか数分しかかからず、五つのステップがあるだけで、どこでも実践できる。

(1)呼吸をつづける……ストレスを感じているとき、人は息を止めていることが多い。この状態を断ち切り、正常な呼吸を再開しないと、あなたは不安、怒り、欲求不満へと駆り立てられるばかりだろう。呼吸は、血液と酸素の脳や筋肉への流れをさかんにし、それによって緊張を緩和し、幸福感を高める。

(2)穏やかな覚醒状態の目をする……これは自宅の鏡の前で練習しよう。表情を変えて、ほほえみながら、リラックスした覚醒状態のまなざしで一点を見つめるようにする。音楽を鑑賞している人、あるいは、遊んでいる子供を眺めている人の表情をまねるとよい。自分自身にこう言おう――「わたしは覚醒していて、体は鎮まっている」それに従って、神経化学物質が変化し、気持ちを引き立てるように働きだす。

(3)緊張を解き放つ……ストレスがかかると、人は脱力するか、緊張する。自分の姿勢と、体のどの部分が緊張しているかに注目しよう。肩は硬くなっていないだろうか？　お腹に異常はないだろうか？　歯を食いしばっていないだろうか？　左右の足にバランスよく重心をかけよう。ちゃんとできているかどうか、確認のため軽く跳んでみるとよい。つぎに、だれかに頭のてっぺんをつかまれ、そっと引きあげられたつもりになる。数センチ背を伸ばし、両肩を引き、胸を張ること。緊張を和らげるエメラルド色の液体が血管を駆けめぐり、緊張を溶かしていくさまを思い描こう。

(4)特異な点に注目する……まったく同じ状況などというものは存在しない。意識的に考えれば、当然わかることだ。しかし脳は、すべての経験をひとくくりにし、ただちに判断を下そうとする。わたしたちの不安を和らげようとして、できあいの解決法を放ってよこすのだ。だから、どんな場面もおなじみのカテゴリーにすぐに入れてはいけない。たとえば「ああ、また妻がぼくを批判している」と思わずに、一拍置いて特異な点に注目する。「妻はぼくを気遣っている。これは批判的な声じゃない。たぶん彼女は、助言しようとしているんだ」これであなたも、その場に適した態度がとれる。

(5)心のなかの賢人を呼び出す……あなたのなかの賢人、万人に備わっている賢い部分に、助けを求めよう。問題の存在を認め、似たような場面をうまく切り抜けた過去の経験を賢人に指摘してもらおう。そのときの気持ちを思い起こし、もう一度そこに立ち返ってみよう。ちょうど、自信というスーツをまとってみるようなものだ。たよりにすればするほど、あなたの賢人は必要に応じてちゃんと現れるようになる（問題を無視したり、その存在を否定したりしても、それは消えてはくれないし、たいていの場合、事態はさらに悪化するだけだ）。

③自分に優しく

外向型の人は、自分の言ったことを逐一振り返ったりはしない。それどころか、自分の発言を一顧だにしないこともしばしばだ。そのせいもあって、彼らの多くはあれほど屈託なげなのである。これに対して、内向型の人は、絶えず、自分の言ったことの是非を検討している。彼らの脳のブローカ野には、あの活発な内なる声が存在する。ブローカ野は、発話と言語理解を司っており、それと同じ経路には、さまざまな反応を査定し、過去と現在と未来を比較する他の野もある。ときどき、この内なる声は、批判的になる。

外向型の人の頭のなかにも、批判的な内なる声は存在する。しかしその注意は、彼らの発言よりむしろその行動に向けられている。内向型の人の内なる声には、彼らの発言を抑制してしまうという困った作用がある。あなたは、自分の内なる声に気づいているだろうか？　それは、味方なのか、それとも、敵なのか？　勇気を与えるのか、それとも、気をくじくのか？　内向型の人が外向型の世界へ勇気を奮って出ていったあと、みじめな気分になる場合、悪の元凶は実際に起こったことでなく、頭のなかの声であることが多い。

わたしのクライアントのバリーは、その仕組みの完璧な実例を示してくれた。あるプレゼンテーションのあと、彼はわたしに、自分がどれほどばつが悪く、まぬけな気分であるかを語った。聴衆の反応をたずねると、バリーは、みんな楽しんだし、彼自身も多くの賞賛を受けたことを認めた。それでもなお、彼は悲惨な気分なのだった。というのも、話のなかで触れた本のタイトルを聴衆の女性にたずねられたとき、そのタイトルが頭から吹っ飛んでしまったからだ。わたしとともにその体験を振り返るうちに、バリーは、内なる声がタイトルを忘れた件で自分を責めているのに気づいた。彼に必要なのは、その批判的な声に、黙れ、と言ってやることだった。

では、あなたの頭のなかの非難がましい声について考えてみよう。世界に出ていく前やあと、その声はなんと言うだろう？　それはだれの声に似ているだろうか？　もしもその趣旨が、「おまえはそのままじゃいけない、もっと社交的になるべきだ」ということなら、それを言っているのはだれだろう？　あなたのお母さん？　お父さん？　お姉さん？　お祖母さん？　それとも、高校時代のボーイフレンドだろうか？

もしもある声が「それくらいできるはずだぞ」と言っているなら、それはだれだろう？　頭のなかの声は、あなた自身のように思えるかもしれないが、それよりも、あなたを思いどおりに動かそうとした過去のだれかである可能性が高い。ひとついいことを教えよう。彼らのさげすみに満ちたコメントは、あなたのありかたには関係なく、実は、彼ら自身のコンプレックスから生まれているのだ。

困ったことに頭のなかの声は、ばたばたと忙しい実社会に対処するわたしたちの能力に影響を及ぼしかねない。わたしたちはもともと快適ゾーンから出るのに乗り気でないし、燃料は刻々と減っているのだが、批判的な声はさらにわたしたちを消耗させ、やる気をくじいてしまう。

内なる声を新たな視点からとらえるために、幼いころのあなた自身の写真を見つけよう。少なくとも五分間、すわって、その写真を眺めてほしい。子供にとって、世界はしばしば大きくて恐ろしい場所となる。その子が内向型ならばなおさらだ。外向型の世界に出ていく際に、小さな子供に必要なことを五つ書き出してみよう。たとえば、わたし自身はつぎのように書いた。

●この子に必要なのは、すがりつく手。
●この子に必要なのは、優しい励まし。
●この子に必要なのは、気まずさを味わうのはふつうのことだと教えてもらうこと。
●この子に必要なのは、心の鎮めかたを学ぶこと。
●この子に必要なのは、どんな感情もいつかは消えると教えてもらうこと。

そして、この子にまったく必要ないのは、批判である。

今度、気まずさや居心地悪さを味わったときは、自分の発言の是非など考えてはいけない。とにかく批判の声を静めること。聞く気のないことをはっきりさせよう。子供の自分を思い浮かべ、あなたの発言にはなんの問題もない、と言ってあげよう。

④つねにサバイバル・キットを持つ

内向型の人の多くは、外向型の人よりも、自分を取り巻く環境や、不快なもの、心を乱すものに敏感である。屋外の環境に対処するのは、とりわけむずかしい。なぜなら彼らは、無防備な状態で五感への刺激にさらされていると感じるからだ。こうした五感への攻撃は、彼らの使うエネルギー量に影響を及ぼす。それは、栓の抜かれた浴槽の水のようにぐんぐんと減っていく。そのうえ彼らは、外向型の人よりも食物の代謝率が高いため、血糖値はすぐに落ちこんでしまう。これらの条件ゆえに、内向型の人には、外に向かう前に補給物資を仕入れることがきわめて重要になる。生理的要求に対する適切なケアがあれば、彼らの対処能力は高まるだろう。

外界からの猛攻を和らげる道具を持っているだけで、疲労困憊することなく、快適に過ごせる場合がある。つぎのものは、バッグやブリーフケース、車のなかなどに入れておきたい品々だ。

- ●街の騒音をシャットアウトする耳栓。
- ●スナック菓子（ナッツ、プロテイン・バー、その他のプロテイン・スナック）。
- ●水のボトル。始終、水を飲むことをお忘れなく。
- ●癒し系の音楽と、ヘッドホンステレオ。
- ●肯定的な文句の書かれたカード。たとえば、「きょうはリラックスして、どんなことでも楽しもう」など。

●癒し系の香りを染みこませた脱脂綿。いやな匂いに悩まされたら、それを嗅ごう（八月のニューヨークの街では特にこれが役に立つ）。

●乗り物酔いの薬。映画や思いがけない揺れで酔うことはよくある。

●日射しが強いとき用に、傘か日傘。子供用の傘のほうが邪魔にならなくてよいかもしれない。また傘は、雑踏のただなかにいることを忘れさせてくれる。晴れた日に傘を持ち歩いているわたしを見て、名案だと言ってくれる人は多い。

●日焼け止めクリーム、ハンドクリーム、リップクリーム。内向型人間の多くは皮膚が敏感だ。

●電池式の扇風機か、水を入れたスプレーの小瓶。できれば、その両方（これは、会話のきっかけにもなる。わたしは、熱暑のなか長い列に並んでいるときや、野球の試合の観戦中に、スプレーを貸してあげることで、大勢の友達をつくってきた）。

●つばの広い帽子とサングラス。

●セーターか毛布。

●便利な小型の携帯用カイロ。

●風で耳が痛いとき用に、耳当てか、カラフルなスキー用ヘッドバンド。

外に向かうことが、なるべく楽しく快適になるよう心がけよう。服はやわらかな素材のもの、靴は履き心地のよいものを選ぼう。また、気温の変化に対応できるよう、重ね着をしよう。そして、美と自然を加味することで、あらゆる外出をより好ましいものにしよう。たとえば、どこかへ行くとき公園を通り抜けてもいいし、ついでに画廊をぶらついてもいい（わたしは出勤するとき、一ブロック手前に車を駐《と》めて、美しい家々の立ち並ぶ道を歩いていく）。

　重要な連絡の入る予定がないかぎり、携帯電話やポケットベルの電源は切っておこう。元気の出る詩や引用文、ことわざなどの書かれた小さな本をバッグに入れておき、列に並んでいるときや休憩時間に眺めよう。できるときは、自分に合うよう照明を調節しよう。人混みのなかでは、自分のまわりはバリアでまもられていると思おう。自分自身をしっかりケアできれば、あなたはより長く外に向かっていられる。

⑤定期的に燃料を補給する

　内向型は、外に向かっていると、大量のエネルギーが消費される。外向型の人のタンクは、ブドウ糖とアドレナリンによって満たされる。だから、彼らが長いこと家にいたがらないのは当然なのだ。これに対して、内向型の人が外に向かうと、エネルギーは適正レベルのはるか下まで落ちこんでしまう恐れがある。この落ちこみに気づいたらすぐに、つぎの手順に従って、エネルギー・レベルを上昇させよう。

　この方法は、架空の保養地をつくるというものだ。あなたはひとつのキーワードによって、その保養地へ入っていくことができる。まず、心安らぐ場所を連想させる言葉をひとつ思い浮かべように――たとえば、ハワイ、庭園、ビーチ、池、森、などだ。その場所を頭のなかで思い描き、さらに、五感を振り当てる。そこには、どんな景色、匂い、音、味、感触があるだろうか？　わたしのクライアントのケリーは、〝渓谷〟というキーワードを使っている。その架空の谷には、苔がむし、草が生え、野の花が咲いており、周囲は木陰をつくる樹木に取り囲まれている。鳥たちはさえずり、空気はさわやかだ。小川のほとりの草に埋もれ、冷たい水につま先を浸す自分の姿を、彼女は思い浮かべる。背中には、温かい日射しが降り注いでいる。やがてケリーは、体の緊張が解け、エネルギーがよみがえるのを感じる。

一日数回、目を閉じて、あなたのキーワードを思い浮かべよう。そこにいるつもりになって、五感も振り当てよう。キーワードを思い浮かべたらすぐそこに行けるようになるまで、練習を繰り返すこと。この方法なら、すばやく簡単にエネルギーの補給ができる。

以下は、あなたのタンクをすばやく満たすその他の方法である。

- 手首に冷たい水を注ぐ。あるいは、温水と冷水を交互に十秒間、注ぐ。
- 立ちあがって、腰を曲げ、膝を見つめながら両腕をぶらぶらさせる。数秒間、緊張を解いて自然呼吸をし、その後、ゆっくり身を起こす。
- 明かりを消して、数分間、暗闇にすわっている。
- 窓の外に目を向け、人々を眺め、心を自由にさまよわせる。
- すわって目を閉じ、頭をそらせ、楽しかった過去の経験を思い浮かべる。

⑥いつもユーモアを忘れない

外向型の世界へ出ていくときは、ユーモアのセンスを忘れずに持っていこう。ユーモアは、客観性を保ち、ストレスを緩和し、体を強くし、日々の暮らしの喜びを増し、人とのつながりをつくるための近道だ。内向型の人は、内側を向き、自らの経験ばかり見つめているため、視野が狭くなりがちだ。ときには、いやな目に遭っているのは自分だけだと感じることもある。彼らは、正しく外に向かっていれば、すべてうまくいったはずだと考えるのだ。

ユーモアによって、わたしたちは自分自身から抜け出し、もっと大局的に自らの人生を眺めることができる。それは、突然、山の頂から人生を俯瞰するようなものだ。そこに立てば、大事な目標が簡単に見つかる。また、ユーモアは不安を和らげ、どんなこともやがては過ぎていくのだ、と気づかせてくれる。それによって、わたしたちは、ささいな問題をやり過ごし、動揺するのは、生や死といった大事件に遭遇したときだけに留めることができる。

あなたのエネルギーには限りがある。だから、くよくよ悩んで、貴重なエネルギーを無駄にしてはいけない。アーノルド・グラソウ(著述家。引用と警句の本が有名)は言っている。「笑いは、副作用のない精神安定剤だ」

クライアントのアリスは、自分がどれほどユーモアに救われているかを話してくれた。「雪の降るシカゴに着いたのに、手荷物が出てこなかったときもそうだったけど、腹の立つことがあるたびに、わたしはこう考えるの。『まあ、これも話の種になるじゃない。午前二時に、極寒のオへア国際空港で、荷物を全部なくして、カリフォルニア用の綿のカプリパンツで立っているなんて』」皮肉なことに、災難からはたくさんの楽しい体験が生まれるものだ。アリスはさらにつづけた。「このときは、男の人が近づいてきてね、シカゴでアイスクリームの見本市があって、その人の会社のブースではお客さんにジャケットをプレゼントしていたんだけれど、そのあまりがあるから、ひとつあげましょうかって言うのよ。わたしは、喜んでいただきます、と言ったわ。そしたら、その人、暗い目で宙を見つめている、白黒の牛の顔がいっぱい描かれた大きなジャケットを取り出したのよ。いまにもモーモー鳴く声が聞こえてきそうだったわ。ホテルへのシャトルバスのなかで、わたしの牛のジャケットは、知らない人を大勢笑わせたものよ。落ちこんだまま笑うなんて不可能でしょ？　結局、わたしは、週末いっぱいそのジャケットを着ていたの。だって、たくさんの人がそれを見て、話しかけてくれるんだもの」

赤ん坊は生まれて十週目くらいから笑うようになる。さらに六週間経つと、一時間に一度の割合で笑い、四歳になるころには四分ごとにくすくす笑っている。ところが、成人に達するまでに、悲しいことが起こる。わたしたちは、一日平均十五回程度しか笑わなくなるのだ（多くの人はもっと笑わない）。わたしたちのストレス解消の武器庫からは、貴重な武器が失われるのである。

楽しく笑ったあと感じるあのとびきりの幸福感を、あなたは覚えているだろうか？　心からの笑いは、顔、肩、横隔膜、腹部の筋肉のよい運動になる。呼吸は速くなり、酸素が血液中を駆けめぐり、血圧と心拍数は一時的に上昇する。研究者らは、ジョギングと同じく、笑いもエンドルフィンを放出させるのではないかと考えている。エンドルフィンは、覚醒度を高め、痛みを緩和する。研究の結果は、笑いがストレスを軽減し、免疫力を高めることを示している。

ある研究では、被験者にお笑いのビデオを見せ、それから徐々に難易度の上がっていく数学の問題を解かせた（わたしならまちがいなく、ストレス反応が急上昇するだろう）。お笑いのビデオを見ることで、被験者のストレスは軽減された。ただし――ここがおもしろいところだが――この効果は、日ごろからよく笑っている人々にしか見られなかった。笑いの生理学的恩恵に浴するには、どうやら、つねにユーモア感覚に磨きをかけておく必要があるらしい。

別の研究では、ストレスにつねにユーモアで対処していると申告した人々は、疾患を防ぐ抗体の基準値が高いことがわかった。また別の研究の結果は、ユーモアのセンスに富む人々は、ストレス下でも免疫反応が低下しないことを示した。まれにしかユーモアを用いない人々でさえ、ユーモラスなビデオを見たあとは、唾液中の抗体値が高くなっていた。

以下に挙げたのは、あなたの毎日にもっと笑いをもたらすためのアイデアだ。

●漫画やジョーク、笑えることわざを切り抜いて、自宅やオフィスのあちこちに貼る。
●他の人のジョークやおもしろい話には、必ず笑う。
●自分の弱点に目を向けるよう、また、人間らしさに共感するよう努力する。
●物事を大仰に表現してみる。クライアントがくよくよ悩み、行きづまっているようなとき、わたしは彼らの状況に対し大げさなコメントをする。「おやおや、絶望的ね。いったい、この先どうするつもり？」別に、相手をからかおうというのではない。ただこうすることで、状況を客観的に見られる場合があるのだ。わたしたちはそろって笑いだす。心から笑ったあとは、解決法も浮かびやすくなる。

●不適切でなければ、緊迫した状況下でユーモアを用いる。レーガン大統領が、暗殺者に撃たれて病院へ運ばれる途中、夫人にこう言ったという話は有名だ。「よけるべきだったな、ハニー」

ここで、注意事項をひとつ。すべてのユーモアが健康的なわけではない。嘲笑、皮肉、冷やかし、愚弄は、恐れや怒り、あるいは、ねたみに起因するものだ。もしもだれかが、あなたに敵意あるコメントをよこしたら、笑ってはいけない。笑えば相手は勢いづくだけだ。そういう場合は、こんなふうに言ってみよう――「おおっ、痛烈だね。ちょっと待って、いま胸に刺さった矢を抜くから」そのあとは、話題を変えるか、他の人に何か質問するかして、会話をつづける。もしも自分が皮肉な態度をとっているのに気づいたら、なぜ、自分がその相手に腹を立てているのか考えよう。

また、だれかがひどく沈んでいるときや、愛する人を失って苦しんでいるときは、ユーモアを持ち出してはいけない。そうした状況下でユーモアが用いられるケースもあるが、相手が親友や親族であっても、何によって傷つくかはなかなかわからないものだ。

⑦ネットワークをつくる

内向型の人は、集団のなかでは居心地悪さを覚える一方、皮肉なことに、コミュニティという観念に憧れを抱くことが多い。彼らがコミュニティづくりに二の足を踏むのは、世間との交流を全部かゼロかと考えているせいかもしれない。内向型の人は、人はつねにつきあいに忙しいか、さもなければ、完全に孤立しているかだと考えがちなのだ。しかし別に宴会から宴会へ飛び回らなくても、広い意味での親睦を楽しむことはできる。既婚者でも、独身でも、子育て中でも、退職間際でも、人はさらなる親しい関係を求めるものだ。わたしの内向型のクライアントで、もっと人と知り合いたいと願っている人たちは、たいてい同じことを言う。「どんなふうに始めればいいのか、わからないんです」

こんなやりかたはどうだろうか。白い紙の中央に、カラーペンで自分の名前を書き、そのまわりに円を描く。つぎに、グループごとにちがう色を使って、あなたの現在のネットワークを書きこむ。たとえば、青は親しい友人たち、赤は家族、オレンジは仕事関係の人々、紫はあなたの属する何か他のグループだ。これまでかかわってきた人やグループをすべて思い浮かべてみよう。好きだったのに、つきあいがなくなってしまった人々にも注意を払おう。過去をよく振り返ること。かつての楽しみ（たとえば写真の撮影など）で、再開したいことがあったら、そのグループも書き加えよう。新しい関係には、成長のシンボルである緑がふさわしいかもしれない。

つぎの各項について、自分があてはまるかどうか考えてみよう。あてはまるなら、その思いを自分のネットワークに組みこむにはどうすればよいか、検討にかかろう。もしかすると、現在のネットワークのなかにすでにあなたの力になれる人がいるかもしれない。

●気持ちよくつきあえる友達がもっとほしい。
●興味、価値観、育った環境、職業、趣味、信仰、政治的見解の共通する人々のグループに入りたい、あるいは、そうしたグループをつくりたい。
●育った環境、興味、考えの異なるグループに入って、経験の幅を広げたい。
●世の中をよくするグループに入りたい。
●新規退職者の会のような、メンバーを支援するグループに入りたい。
●図書館の友、ＰＴＡ、少年少女のための指導グループ、地元博物館のガイド・プログラムなど、地域の組織で積極的に活動したい。
●既存のグループに入るほうが好ましい。
●グループには入りたくない。ただ友人のネットワークを広げるだけでよい。

さて、ここからが、内向型人間にとってむずかしい部分――恐れ、不安、抵抗感の克服である。「きっと居心地の悪い、不安な思いをするだろう」「そんなエネルギーはない」「傷つけられたり、拒絶されたりするかもしれない」「親しくなるまでの過程が苦手だ」「責任でがんじがらめになるにちがいない」これらは、内向型の人に共通する恐れだ。

これらの恐れを鎮めるために、まず、そこに隠されている気がかりについて考えてみよう。たとえば、あなたが恐れているのは、拒絶されることなのか、きまり悪さを味わうことなのか、傷つけられることなのか？　それとも、単に、未知のものが怖いというだけのことなのか？　つぎに、恐れは現実でも前兆でもないということを思い出そう。それは、あなたが特定の意味をあてがった電気エネルギーにすぎない。わたしたちの案じるほとんどのことは、実際には起こらないのだ。そして最後に、何があろうと楽しくやると心に決めよう。

以下は、あなたが外界に乗り出すとき役に立つ戦略である。

●新たにつくりたい関係か、かかわりを深めたいグループをひとつ選んで、一歩前に進む。たとえば、教会の独身者の集いに行く、サルサのレッスンに通う、地元の植樹委員会の会議に出席する、友達を誘って読書の会に参加する、子供の学校のバザー委員会でボランティアをする、など。小さなことから始め、少しでも前進したらお祝いをしよう。

●友達のひとりと、週に一度の定例デートか電話でのやりとりをする。毎週時間をとってくれるよう、相手に正式にたのむとよい。その人がだめだったら、また別の人にたのもう。

●友達をふたり家に招いて、共通の関心事を話題にする。

●ローマは一日にしてならず。外へ向かうプランのなかには、失敗に終わるものもあるだろう。それは当然予想されることだ。何度か試してみてしっくりこないときは、別のグループや人にあたってみよう。どこにでもぴったり合う人間などいない。最終的には、あなたにもうまくなじめて、刺激も得られる、楽しい人間関係や組織が見つかるはずだ。

もうひとつ頭に入れておいてほしいのは、インターネットのコミュニティもまた、内向型の人にとって、よい場となるということだ。それは、ネット上の新たな関係づくりにも、友達や家族との連絡にも使える。コンピューターが孤立を招き、生身の交流を減少させ、コミュニティ意識を希薄にするという恐ろしい予言にもかかわらず、現実には、インターネットは内向型の人々の人脈を増やしているようだ。また、それを利用すれば、病気の人々、孤立している人々、地球の裏と表で暮らす人々、直接会えない人々が、恒常的にお互いの様子を確認し合うこともできる。そのうえ、Ｅメールなら、自分の言いたいことをたっぷり時間をかけて考えられるし、送信ボタンや返信ボタンを押す前に、好きなだけ修正を加えることもできるのだ。

いつもわたしが驚くのは、自分が研究している各分野の著名な作家や研究者らが、始終、メールで情報を送ってくれたり、力になりたいと言ってきたりすることである。そのため、わたしの孤立感は深まるどころか、逆に緩和されている。知らない人々は、わたしが思っていたよりもはるかに親切で、反応がいい。よく思うのだが、ネット上の彼らは安心感を抱き、より落ち着いているために、直接会う場合より親切なのではないだろうか？

インターネットでは、共通の興味を持つ人々のチャットルームに参加したり、掲示板を見てさまざまな組織の情報を得たりすることもできる。信じられないかもしれないが、わたしの同僚の精神分析医やクライアントのなかには、インターネットの出会い系サイト（有料）でパートナーを見つけた人も何人かいる。

注意事項をひとつ。一九九八年に英国心理学協会が行ったインターネット依存症に関する研究では、もっとも頻繁にネットを利用するのは、三十代の内向型の男女であり、彼らは鬱になる傾向が強いことがわかっている。したがって、あなたが生活のかなりの部分をネットに費やしている場合や、友人や身内があなたのネットの使いかたに苦言を呈している場合、または、あなたが憂鬱を感じている場合は、医師の診察を受けることを考えてみよう。鬱は、心理療法と薬物療法の併用によって、充分治すことができる。

つぎの一歩があなたを新しい世界へ導く

たよりになる戦略の蓄えが充分あること、そして、すぐにホームベースにもどれることがわかっていれば、あわただしい外向型の世界へ飛びこむのもいくらかは楽になる。新たなテクニックを実戦に用いる努力と勇気とは、新しい友、仕事の選択肢、ロマンス、周囲からの認知、そして――これが何より重要なのだが――自らの内なる長所と力に対する確信をもたらしてくれる。世界もあなたの働きにより、恩恵を受けるだろう。家でくつろぐ時間のリフレッシュ効果は、これまでの二倍になるだろう。もはやあなたは、世間を避けていることから生じる孤立感や罪悪感にとらわれてはいないのだから。ゆっくりお休みなさい。

すべての内向型人間に幸あれ！

外向型の世界のなかで内向型人間でいるとは、どういうことなのか。本書が、それを理解する一助となってくれれば、と思う。自らの内向的気質を受け入れることで、きっとあなたは、自分自身によりよいケアを与え、内向的であることからくる罪悪感や羞恥心を和らげることができるだろう。内向型の人がなんの気兼ねもなくありのままの自分として生き、自らの道を歩むとき、世界はもっと豊かになる。あなたがその力を分け与えれば、あなたと出会うすべての人の人生が明るくなるのだ。友達に、身内に、同僚に、内向型はすばらしいという噂を広めよう。

〈内向型人間の生きるよすがとなる言葉〉

遊び心を持とう。
休憩をとろう。
自分の内なる世界のすばらしさを認めよう。
誠実であろう。
好奇心を持ちつづけよう。
協調性を保とう。

孤独を大いに楽しもう。
感謝の心を持とう。
あなたでいよう。
そして、あなたの光で世界を照らそう。

■著者紹介

マーティ・O・レイニー

心理療法士。内向型人間に関する研究における第一人者。執筆の傍らアメリカ合衆国とカナダでワークショップや講演を行っている。外向型の夫と２人の娘、４人の孫とともにオレゴン州ポートランド在住。

■訳者紹介

務台夏子（むたい・なつこ）

東京都出身。英米文学翻訳家。訳書にオコンネル『クリスマスに少女は還る』『愛おしい骨』、デュ・モーリア『鳥』（いずれも東京創元社）、フレンチ『生還』（角川書店）などがある。

■編集協力

浦辺京子

本書は『小心者が世界を変える』（2006年１月、ソニー・マガジンズ）を新装改訂したものです。

2013年 8月3日 初版第1刷発行
2014年10月2日 第2刷発行
2015年 7月1日 第3刷発行
2016年 6月2日 第4刷発行
2017年11月2日 第5刷発行
2018年 5月3日 第6刷発行
2019年 6月3日 第7刷発行

フェニックスシリーズ ⑫

内《ない》向《こう》型《がた》を強《つよ》みにする
——おとなしい人が活躍するためのガイド

著　者　マーティ・O・レイニー
訳　者　務台夏子
発行者　後藤康徳
発行所　パンローリング株式会社
〒160-0023　東京都新宿区西新宿7-9-18-6F
TEL 03-5386-7391　FAX 03-5386-7393
http://www.panrolling.com/
E-mail　info@panrolling.com
装　丁　パンローリング装丁室
印刷・製本　株式会社シナノ

ISBN978-4-7759-4115-7